NÃO OLHE

By

Andreza

Não Olhe

Copyright © 2025 por Andreza

ISBN: 978-1-969978-07-4

A existência desse livro é mais uma necessidade de dialogar comigo mesma.

Como é difícil escrever um livro, mulher, você sonha, estuda, planeja e trabalha, mas você mesma cria coisas para atrapalhar.

Assim que comecei a escrever este livro, encontrei no Wallmart um canteiro para horta com um preço absurdo de baixo, resultado: Comprei 6.

Subcosciente tentando me boicotar?

Coinscidência?

Porque eu estou evoluindo espiritualmente e este livro será bom para esse crescimento e isso foi um ataque?

A galera vai gostar, vai comprar, vou ficar famosa e ganhar dinheiro e as energias negativas de meus pensamentos ou dos invejosos me fizeram comprar?

Medo de dar certo?

Medo de dar errado?

Medo de dar muito errado?

Gosto de comprar?

E por aí vai...

Sei que atrasei meses, na realização desse sonho, com a desculpa da horta, e sempre que ela ia bem, eu colocova algo estranho como titica de galinha do galinheiro da vizinha, assim, do nada, é ou não é estranho?

Mas eu despertei.

Eu sempre quis escrever, acho que muita gente pensa assim.

Escrever um livro, contar a própria história, todos à acham interessante, diferente, todos acham que a sua história vai fazer a diferença e que contando ela vai ajudar alguém.

Quem sabe algum dia o meu livro na prateleira de alguma estante, alguém vai ler e vai se identificar e pensar, eu não estou sozinha, ela superou e eu com a ajuda dela também consigo. Ficarei famosa? Ganharei muito dinheiro ? Mas é uma história verdadeira? É a sua história? Talvez. Um pouco. Para quem me conhece, causarei desconforto. E por isso peço desculpas. Me perdoe. Mas sei que não deixarão de me amar, porque sei que quem sou agora é o que vale, ou espero que seja assim. Veremos.

A Verdade Que Eu Vivi

Em setembro de 1978, na cidade do Rio de Janeiro, em um bairro pobre e pequeno chamado, Tinguí, em uma casa de um carpinteiro, eu nasci já com dois irmãos: Alexandre com 6 e André com 3 anos, a minha irmã caçula Adriana nasceu 4 anos depois de mim no mesmo bairro, meu pai, Jurandir e minha mãe Dona Flor, eram donos de uma pequena fábrica de móveis com alguns funcionários nesse bairro e que nos fundos, éra onde ficava a nossa casa, íamos bem como uma família de classe média em uma casa com 4 crianças, apesar dos meus pais muito ausentes pelo trabalho, estando fora e ocupados na maior parte do dia, nós 4 praticamente nos criamos sózinhos pelas ruas como era comum de se falar na época em bairros como aquele.

Me consulto mensalmente com uma psiquiátra que me diagnosticou e trata para: Bipolaridade, Transtorno do estresse pós-traumático, Ansiedade e Múltipla personalidade, sendo que uma delas tem traços de psicopatia. Será?

Em uma sessão com a minha psicóloga, que consulto semanalmente e em agosto de 2021 após ter tido o meu, (não quero dizer o meu), o primeiro ataque de pânico, eu comecei a relatar pela a primeira vez, todos os momentos em que eu me senti abusada, violentada e/ou estuprada física, psicológica e sexualmente por um homem.

E foi mais ou menos assim.

Mas é claro, dependendo de quem estava falando com ela.

Com 32 anos, após ter sido internada com um aneurisma prestes a explodir, eu comecei a me consultar com uma parapsicóloga, e em uma sessão de regressão, eu me vi, com 2 anos de idade na fábrica de móveis do meu pai, e encima de uma bancada de marceneiro suja e repleta de ferramentas e madeira, eu estava lá, deitada com as fraldas de pano estampada aberta, eu pude ver   bem o alfinete, um urso azul, era eu lá, magra, de camiseta pagão como diz minha mãe, fina e braca, eu estava chorando, e ele, também magro, moreno, cabelo raspado curto, sorriso, boca molhada, está mechando na minha pequena vagina, vi a fralda um pouco suja, senti o cheiro de cerragem no ar, e senti ele chupar, sua boca húmida, passando a língua nela. Eu vi ele! Senti ele! E o choro, o desconforto, eu saí dali, quarto escuro, não mais ele, mas apenas uma sombra escura e acuada em um canto da sala vazia, mas agora já um pouco iluminada, ele abaixado, nu e com frio.

Com dor e me pedindo perdão sem pedir, sem falar, mas eu sabia que era o que ele estava me pedindo, eu ouço a voz dele, tem uma voz, mas não a reconheço, eu ouço essa palavras apenas em meu coração: Perdão?

Minha médica me perguntou o que eu queria dizer? Então eu disse: com muito carinho, espero que ele siga o caminho dele, ao encontro da luz e paz, que os espíritos de luz que ali estão para ajudá-lo que ele vá com eles e que aceite a ajuda, e que por mim está perdoado, e que tudo que eu quero é que ele siga o caminho dele rumo ao crescimento espiritual.

Eu disse isso sem dizer, também não disse com as palavras do pensamento, sabe, quando você diz uma coisa em pensamento e pensa na coisa ou na palavra, eu disse com o coração, quer dizer: imaginar, sentir a energia do lugar, das pessoas, os sentimentos, estar o tempo todo no lugar do outro, ser o outro. Será que perdoei?

A partir daí tudo começou a mudar para mim, começou a minha dolorosa caminhada para a cura.

Sempre que eu brincava com os meus primos e amigos, de 2 até 10 anos eu tinha algo sexual nas brincadeiras, e sempre era eu que começava os beijinhos, toques, carícias eram quase que diárias porque tinha muita liberdade para ficar sozinha com as outras crianças.

Vi e ouvi também nessa idade, enumeras vezes os meus pais e alguns tios e tias transando.

Tive tios que me acariciavam no bumbum e nos seios, o tempo todo. Uma passada de mão muito rápida seguida de um sorriso, e um: "nossa você é muito linda, dá um beijo no tio." Lembrem-se, nasci em 1978, quando também era tudo bem eu mamar no seio esquerdo enquanto a minha mãe fumava com a mão direita.

E eu com quatro, cinco,seis,sete,oito,nove,dez, treze ... anos, com pele macia e dourada, aquela mistura que só a brasileira tem por culpa dessa nossa maravilhosa mistura única de índio, italiano e negro, olhos e cabelos castanho escuro, liso e na altura da cintura, nariz empinado com diziam, boca carnuda e sorriso largo, tinha corpo de atleta, sabe, algumas crianças já tem um biotipo já abençoado, eu sempre fui muito forte e atlética de genética mesmo, perninha grossa, e bumbum durinho e arrebitado. As mulheres da minha familia tem a mesma genética que eu graças à Deus, não consigo escrever Graças à Deus minúsculo, sinto como desrespeito.

Lembro que na fábrica tinha um funcionário que estava todo sujo, ele tinha a pele negra, magro e alto, tinha os seus 50 anos, e trabalhando encima do caminhão dizia: Eu vou me casar com você, e você vai ter uma televisão em cada cômodo da casa, te dou vida de rainha, casa comigo? Meus pais respondiam: se me der uma TV também, pode casar com ela sim. Eu não tinha mais que oito anos e morávamos na fábrica ainda, aquilo volta e meia entra em minha memória, lembro das TVs, eu seria vendida por uma, e teria uma em cada cômodo da casa, hoje eu não consigo ter em todos os cômodos, me incomoda, me machuca, me sinto enjoada, com nojo de mim mesma, medo. Ele não tinha os dentes.

Na casa da frente da fábrica, morava uma familia bem grande, tinham umas 10 pessoas, e no quintal da casa havia uma moita de bananeira que no meio era um pouco aberta, e lá eu já fui com um homem que morava nessa casa., Eu não sei quem era, mas tinha uns 20 anos, e eu uns 8, ele me pedia para tocar nele, e ele tocava em mim, e nos beijávamos; haviam também outros dois, mas esses eram dois ou três anos apenas há mais que eu. Não me lembro de ter tido penetração. Isso aconteceu algumas vezes. Brincadeiras? eu tinha 8 anos! Meu Deus quantas vezes eu voltei naquele lugar quando criança em meus pesadelos e que no tempo se confundia como desejo. Desejo? Prazer? Fantazia? Ou trauma?

Que dor, mas passou, desobrirá mais à frente como.

Os meus dois irmãos, nunca me tocaram.

Eu sempre abusei da minha irmã. Física e psicológicamente.

Sou 4 anos mais velha do que ela e eu cuidava dela e me sentia a dona dela.

Dormíamos na mesma cama pequena de solteiro, uma de cabeça para cima e a outra de cabeça para baixo até completarmos 14 e 10 anos.

Eu me esfregava nela, beijava ela como se fôssemos namorados, mexíamos na vagina uma da outra, brincávamos de médico, papai e mamãe e professor. Lembro do som, do cheiro e do gosto, lembro do rosto dela e como ela ficava depois. Eu me lembro. Eu me lembro. Eu me lembro.

O mesmo fazíamos minhas primas e eu, minhas amigas e eu. As brincadeiras sempre eram de médico e papai e mamãe, e eram essas coisas que fazíamos.

E hoje nós falamos sim nisso, mas sempre por cima, e o mais chocante? É que achamos normal, porque comentamos, mas nunca os detalhes, pois é, está aqui os detalhes, se não estiver gostando, não olhe.

Está aí a rasão do título do livro.

Mas não é normal, não falamos os detalhes do que realmente aconteceu.

Mas eu violei a pureza da minha própria irmã e isso é vergonhoso, isso é doloroso, e o pior é que sabemos e falamos como se fosse nada.

Porque? Para não dar imagem? Como as que eu dei agora ? as minhas imagens? Imagens que me perseguem e me maltratam como fantasmas que é o que realmente são, e eu acabei de compartilhar-las com vocês depois de anos negando-as para mim mesma e isso me adoecia.

Vamos simplificar? Sabe dar o nome aos bois? É esse o primeiro passo que eu dei em direção a minha cura.

E aos doentes, sim, você doente que está lendo agora.

Eu sinto muito por vocês ainda tão pertidos e pervertidos que fizeram dessas imagens horrendas e que destruiram inocências e que não deveriam existir, foram um motivo para te excitar, eu digo que me perdoe e eu te perdoo e que rezo para que um dia você se cure.

Me perdoe por ter te dado mais um motivo de imaginar coisas que não deveria e eu te perdoo por ter feito isso sobre a minha mais profunda dor. Que os anjos, Jesus e Deus te Guie e te Abençoe.

E se isso me deixou doente, não deixou você?

Minha mãe nunca me tocou.

Minha irmã Adriana quando ela nasceu, eu tinha os cabelos escuros e ela claros, eu pele cor de bronze, ela como a pérola, eu exibida, falante, engraçada e chamava toda a atenção para si, ela tímida e todas as vezes que ela tentava fazer algo autêntico eu roubava a cena. Egotista.

Mas incrivelmente, ela cresceu e venceu, e eu apesar de tantos demônios, e de numa maneira talvez não ética sempre estive ao lado dela, dando os meus empurrões para que ela voasse, mas acho que mesmo assim, acabei muitas vezes mais atrapalhando do que ajudando, impondo as minha vontades ao que eu achava o que era bom para ela, e não o que ela queria, e assim chegamos até aqui com poucas marcas e por volta dos nossos 50 anos vamos nos aproximando bastante, minhas viagens as vezes me levam para lugares com um final feliz e a paisagem é sempre muito linda eu adoraria que vocês pudessem ver também essas cores.

Com 10 anos nos mudamos para Cosmos, Rio de Janeiro, na parte da tarde após o almoço eu chegava do colégio e preparava a minha irmã para a escola, me lembro da bicicleta Caloi 10 dos meus irmãos, que tinha o guidão tipo um chifre de cabrito, e os pneus bem finos, e um quadro no meio dela bem alto, o que me dificultava a chegar no pedal e a me sentar no cilindro, eu não dava á altura suficiente mas eu conseguia pedalar sozinha com as pernas embaixo do quadro mas quando eu levava a minha irmã para o colégio nós duas tínhamos que empurrar a bicicleta, a "magrela" até o clube do Cosmos que tinha um sobressalto bem encima do meio-fio, o que fez com que ele ficasse um pouco mais alto do que o normal então, eu subia encima nesse altinho e subia na bicicleta e alcançava o pedal, e assim logo depois a minha irmã sentava no quadro, e eu a carregava nessa bicicleta rebolando no cilindro da esquerda para a direita sem sentar no cilindro, pois de outra forma não alcançaria o pedal, e com minha irmã de seis anos no quadro, atravessamos as ruas seis, cinco e quatro até chegarmos na rua três onde ficava o colégio dela, o legal era que lá também tinha um "altinho" para nós, eu parava exatamente no lugar certo, apertava os freios e ela sempre confiante, descia e ia para a escola dela, eu me lembro de nunca tê-la deixado cair.

Ela confiava em mim.

E eu sempre soube que ela poderia confiar.

Se algum dia, eu à deixei cair, nunca foi por querer.

Nessa mesma idade e nesse mesmo caminho entre as ruas seis e cinco, na volta da escola onde eu já tinha deixado a minha irmã, e desta vez estava sem a magrela e estava voltando para casa andando e entre essas duas ruas, não haviam casas ou nenhuma outra construção de nenhum dos dois lados, hoje tem um colégio, uma igreja e umas casas mas não quando eu tinha dez anos, naquela época só tinha um matagal que passava da minha altura de criança e entre esse verde, ficava a estrada de terra e pedra e empoeirada, passei pelo o movimento das poucas pessoas que haviam no comercio da rua cinco, e atravessando distraída por mais uma vez naquela semana a mesma esquina empoeirada e de mato alto, algo me chamou a atenção e olhei para trás, e vi ele, sorrindo, logo atrás de mim, camiseta branca com alguns furos, barriga muito desproporcional ao corpo, pouco cabelo e de cor clara, pele clara também, eu me lembro que ele salivava, quase podia sentir o calor dele andando em minha direção, eu andei mais rápido, ele um pouco sem jeito, parecia doente ou machucado, mancando talvez, andou mais rápido também, foi ai que eu comecei a correr com todas as minhas forças, e ao chegar na esquina eu logo levantei os meu braços e gritei: Mãe! Aqui! mãe! mãe! e caminho apressada e quando eu olho para tráz eu vejo ele parado na esquina me olhando ofegante, mãos na cintura, eu já estava longe do alcance dele, minha casa ficava umas 15 casas depois daquela esquina, fui para casa, perdi ele de vista, e nunca mais o vi, bem, eu o vejo desde então, na minha mente, nos meus sonhos, em minha frente, quando fechou os olhos, quando vejo camiseta branca, camisa com buraco, homem branco, barrigudo, eu sinto desconforto, raiva, fico agressiva, ele me persegue e destruiu a minha vida e os meus relacionamentos durante toda a minha vida, e estou enjoada ao lembrar desses detalhes agora com vocês, ele não ficou naquela esquina, ele nem se quer me tocou, mas a imagem dele e tudo o que minha criatividade já pôde imaginar com essa imagem e aquele cenário, o que ele poderia ter feito comigo se eu não tivesse olhado para tráz naquele centésimo de segundo, se eu não tivesse corrido logo assim que ele apressou o passo para me alcançar, e de ter criado a idéia de gritar por uma mãe imaginária para me proteger naquela rua vazia.

Não, aquele homem nem sequer me tocou, mas me traumatizou e carreguei durante muito tempo as consequências até perceber que ele foi mais significativo na minha personalidade do que eu gostaria de assumir, afinal de contas, uma bosta isso de dar logo para quem menos merece tanta importância na nossa vida não é mesmo? Em casos de tristeza, traumas, dores e abandono, o mais difícil é assumir que somos quem somos, respondemos como respondemos, falamos, agimos, respondemos, vivemos e pensamos de acordo com o que fizeram com a gente. Isso é tão difícil de assumir, que damos tanto poder assim a pessoas que menos valor tem para nós. Isso não faz sentido nenhum, mas faz todo o sentido, e é uma bosta. É o paradoxo complexo sem nexo algum, e o pior é que só depois que eu dei para ele o que á ele pertencia é que consegui me libertar.

Depois que encarei essa bosta é que pude começar a fazer a limpeza, permitir que pessoas boas influenciassem o meu eu, eu pude começar a ter a escolha de quem eu queria ser e não quem me fizeram ser.

Chegando em casa, contei para todos o que me quase aconteceu, e me lembro de meu irmão André ter levado a minha irmã para a escola por algum tempo, não me lembro de nenhuma conversa sobre o assunto, apenas uma, que após o acontecido passei alguns anos, não me lembro quantos ao certo, que ao caminhar na rua ou parada, sozinha ou acompanhada, de sempre olhar para tráz constantemente, não passava de um espaço de 5 minutos de intervalo, alguns passos e a virada de cabeça para tráz era certa, para observar se alguém estava me seguindo, se tinha alguém perigoso por perto,estava sempre alerta, olhando por cima dos ombros, inquieta, olhando ao redor, todo o tempo, foi quando me lembro perfeitamente bem a única conversa sobre o assunto, minha mãe me disse um dia quando estávamos andando á noite na nossa rua: "para com essa mania feia de ficar andando olhando para tráz, está ridícula." eu me envergonhei, me senti ridícula e não deixei mais ninguém perceber que eu fazia aquilo, sempre fui muito atenta desde então, nada me pega de surpresa, o que é bom, mas é tão cansativo, fico exausta quando estou na rua, ou com muita gente em casa, ou em público, adoro casa cheia mas depois passo dias sozinha para me recompor, estar sempre alerta é exaustivo mas me trouxe até aqui em segurança, devo agradecer? Prefiro ficar em casa e fez quem sou, me sinto uma pessoa de sorte e de sucesso, mas conquistado com tanta dor, nunca fui assaltada, nada de ruim nunca me aconteceu na vida adulta porque qualquer sinal de perigo eu pude perceber rapidamente e fugir, mas nunca relaxei, nunca pude ficar em público ou com muitas pessoas ao redor por muito tempo, minha cabeça dói, meu coração acelera, me sinto inquieta, cansada, querendo ir para casa o mais rápido possível, odeio shopping, show, casa dos outros, festas, bar, bem, na verdade, eu amo essas coisas eu vou, mas depois de meia hora quero ir para a minha casa, mas insisto e fico, e quando chego em casa sinto uma enorme necessidade de tomar um longo banho e ficar na cama quieta e sem falar com ninguém por no mínimo 3 dias.

As dificuldades te tornam forte, disso não tenho dúvida, mas o preço que pagamos e tão alto, tão injusto, muitas vezes não vi motivo ou razão para isso tudo, o significado que rege tudo isso, a vida não tem sentido algum, viver não passa de uma grande coincidência aleatória, e eu não quero viver nessa vida, para que? Se alguém nos causa um mal, é porque ele sofreu algum mal, porque se ele fosse saudável, jamais te faria mal algum concorda? Ou ele foi maltratado, estuprado ou sofre de algum distúrbio mental, uma pessoa que cresceu em uma familia estruturada e emocionalmente inteligente e não sofre de nenhum distúrbio mental, e tem acesso ao básico, como saúde, alimentação, educação e segurança de qualidade, sabe essas coisas que deveria ser obrigatório em toda familia, porém apenas as pouquíssimas pessoas sortudas e riquíssimas nesse pais tem acesso infelizmente, pessoas jamais fariam o mal que fazem ás outras pessoas principalmente maldade com crianças, idosos e animais que são serem vulneráveis, o que justamente olhem só a ironia, são os que mais necessitam de proteção e não tem, por isso desejei sair desse mundo tantas vezes, nada disso faz sentido, como culpar o mal que nos fazem? E tudo bem fazer o mal então pois fui maltratado?

Acredito que a verdedeira pergunta deve ser como podemos ajudar quem foi maltratado para não fazer o mal e assim tirar ele desse mundo? ainda vai levar um tempo mas por agora assim, podemos eliminar boa parte dele, o mal.

Voltando, só faz o mal quem o mal sofreu, e para quebrar esse circulo que se repete, devemos perdoar, e para perdoar, entender que o outro lhe fez mal por também ter sofrido, mas ele teve escolha, será que teve? Será que temos mesmo o tal do livre-arbítrio ? Ele sofreu desde o nascimento, ele não conhece absolutamente nada diferente senão a violência, ele esta repetindo a única coisa que ele aprendeu. Eu magoei e feri tanta gente, com ações e pensamentos, ou vocês acham que por causa desse homem eu nao magoei ninguém?Não machuquei, mesmo sem a intenção ninguém além de mim mesma? Muitos homens eu magoei e machuquei por prazer e sem querer e esses homens passaram isso pra frente e o mundo continua sendo mundo por isso, precisamos mudar isso, eu não quero que um dia por eu ter ferido alguém, isso vai girar e vai voltar aqui em casa, eu tenho filhos, e algum dia pode ser que os filhos de quem eu fiz mal, acontece de que aprendeu com o pai e aqui em casa magoem meus filhos, coincidências acontecem, viu, mundo redondo, sobe e volta, lei do retorno, karma, ou chamem como quiserem, o mundo esta aí cheio dessas histórias para provar que o que eu digo pode sim fazer algum sentido, e quando as coisas fazem um pouco de sentido, eu desisto de querer morrer, e eu quero entender esta merda, eu quero encontrar uma resposta, uma razão para viver o porque disso tudo, o porque de estarmos aqui e fazer o que fazemos, vamos continuar nessa pequena viagem e descobrirmos juntos se eu consigo encontrar ou não alguma resposta ou se fiquei mais confusa ainda porque muitas vezes tive a mais absoluta certeza de que a ignorância as vezes é uma benção, mas foi quando comecei a me sentir desconfortável comigo mesma, quando pensei que como eu agia, pensava e falava não era a melhor maneira, que eu poderia e queria ser um ser humano melhor, eu só não sabia como nem começar, eu só sabia que eu não queria mais ser quem eu era, que a pobreza e a violência onde nasci, não deveria mais comandar os meus pensamentos e comportamentos, eu estava agindo por repetição, e eu queria poder fazer uma escolha, apenas isso, uma escolha por mim apenas, e já tem mais de 20 anos de luta, ainda estou lutando e é muito mais fácil ficar em sua zona de conforto do que você se quebrar inteira para se remontar do zero, sem nenhum manual, pegando peças aqui e ali, mas te digo que vale a pena por você e principalmente por todos ao seu redor, aos que você mais ama.

Eu cresci ainda mais bonita, corpo atlético, rosto delicado, pele macia cor de bronze, cabelos longos e castanhos escuros, minha mãe até me colocou para modelar aos 13 anos, tinha uma boa altura e corpo para as passarelas eu era muito simpática e extrovertida, me diverti muito fazendo aquilo, eu percebi que ela tinha em mim alguma esperança em meu/nosso futuro naquele caminho, mas foram sonhos frustrados, mais para ela do que para mim, eu gostava mesmo era dos aplausos e só, e tinha também que uma vez por semana meu tio me buscava no ensaio de modelo e na volta ele parava na barraca de cachorro-quente e comprava um para mim, era a minha única chance de comer algo diferente, eu comi o meu primeiro hamburguer com 17 anos que o pai da minha filha comprou para mim, eu fiquei morrendo de dor de barriga depois e até hoje quando como fico cheia de gases.

Lembro de ter brincado e namorado muito, muitos beijinhos e cartinhas, foi perfeito, e também me lembro de ter me aproximado muito do meu pai, coisa que até então, não tinha acontecido, quando pequena, eu fui a única que tinha coragem de falar com ele de igual pra igual, eu sempre o desafiava, certa vez, meu irmão precisou de dinheiro e me pediu para pedir para ele, eu pedi, simples assim, eu não o temia, todo o resto da casa sim por ele ser muito rígido e autoritário ele falava pouco e não sorria e brigava e nos batia muito, aos 6 anos eu me lembro de ter feito xixi enquanto estava ajoelhada em um monte de feijão, de castigo juntamente com os meus irmãos sabe Deus porque e sempre quando ele chegava do trabalho na hora do jantar ele se sentava á mesa e assistia TV, e ninguém mais poderia falar na casa, nenhum barulho para não atrapalhar ele á assistir ao que estava passando no momento de seu interesse, minha mãe servia tudo o que ele precisasse e ao terminar ele se levantava, banhava e dormia, assim era a nossa rotina se tudo estivesse em paz, um dia ele me pediu para buscar café e eu respondi porque é ele não pegava, já que estava mais perto da garrafa do que eu, provavelmente apanhei, lembro apenas da minha resposta, eu não me importava de apanhar, eu sempre colocava a minha opinião para ser ouvida mas sei que sempre fui a sua favorita, ele quando as coisas estavam indo bem na fábrica de móveis, comprou um caminhão e começou a fazer viagens para entrega de carga como caminhoneiro e minha mãe acredita que era para sair com mulheres e apesar de estar ganhando bem nunca comprou para nós nem um rémedio que para ele, segundo sua criação deveria se cuidar com médico pois era o provedor da casa e não poderia deixar de trabalhar por estar doente mas nós crianças poderíamos ficar de cama e se tratar com chá, hoje eu não tomo chá, e não comprava caderno nem roupa, sempre foi tudo doado ou do governo ou simpatia, chá ou curandeiro, ou minha mãe que dava um jeitinho de mãe e arrumava um dinheirinho para comprar umas coisinhas para nós, mas nunca foi muito, ele poderia, mas nunca nos dava nada, sempre foi o famoso grande pão-duro em casa, mas gostava de gastar bastante na rua, com seus amigos e com mulheres, segundo toda a familia dizia, ele tinha mais de uma familia, mais de duas mulheres, era um mulherengo, tinha fama no bairro isso não se pode negar, e em algumas dessas viagens eu fui com ele, me convidava e íamos apenas eu e ele e quando tinha que fazer alguns pequenos reparos no caminhão, era eu quem ele chamava para segurar a lanterna e eu ficava lá durante á noite só meu pai e eu, ele tinha dois meninos, mais velhos para fazer isso com ele, mas ele queria eu ao lado dele, eu adorava isso, éramos tão próximos e eu ficava cada vez mais abusada, eu apanhava mas não ligava, eu era a favorita, minha mãe e eu cada vez mais distantes, mas ela tinha a minha irmã caçula que era a favorita dela, minha mãe não gostava mais de mim e sempre me insultava e me batia, quase não batia na minha irmã e eu tinha que fazer toda a tarefa de casa, ela trabalhava na fábrica, foi difícil mas quem disse que viver seria fácil e assim eu completei 14 anos.

Me lembro de estar no meu pequeno quarto deitada na cama de solteiro com a minha irmã quando ouvi o meu irmão André, apressado pular o portão de ferro gritando: o Dan levou um tiro! Passou pelo o corredor, na janela do meu quarto e foi direto aos fundos da casa onde dava para a cozinha e a copa (sala de jantar) onde estavam os meus pais assistindo televisão assustada, ouvi alguns múrmuros e eles saíram todos, simplesmente saíram, minha irmã não se mexeu, não se estava dormindo ou estática, eu apenas á olhei e me levantei e fui até o nosso guarda-roupa e peguei a imagem da nossa senhora do tamanho da palma da minha mão que ficava no meio de um vão aberto que ficava no centro do meu guarda-roupa que servia para guardar perfumes, cremes ou maquiagens, chamavam de penteadeira embutida, mas como eu não tinha nada disso, lá ficava apenas essa imagem não sei porque e nem de onde veio, nesse tempo eu era católica, rezava a missa de cor, junto e com o sotaque em latim que o padre da igreja tinha, mas era porque minha mãe resolveu me colocar para fazer catecismo para eu fazer a primeira comunhão, eu não faltava uma missa de domingo porque era mandatório e eu adorava porque foi a única vez e motivo que eu tinha para poder sair de casa sozinha, porque ninguém da minha familia, eu nunca em toda a minha vida, vi por os pés em uma igreja nunca, apenas uma vez no batizado do meu primo e só, eu arrumadinha com a roupa de missa, mesmo não tendo nada lindo para vestir ia passeando era incrível, e também é claro nas aulas de catequese, tinha um garoto que eu estava apaixonada, não deu em nada, nem o garoto e nem o catecismo mas ainda sei rezar a missa com sotaque em latim. Eu peguei aquela imagem que eu nunca tinha rezado mas sabia o nome eu a coloquei na minha cama e me ajoelhei á sua frente e rezei por horas, até que um rapaz chegou pedindo um lençol, não me deu noticias alguma e quando ele saiu eu voltei a rezar lá sozinha com a

minha irmã continuei pedindo para que nada de ruim tenha acontecido com o meu irmão até que no meio da madrugada uma tia apareceu para nos buscar e nos levar até os nossos pais e lá fiquei sabendo que quando os meus pais chegaram, ele estava ainda vivo mas não falava, a ambulância chegou horas depois, declarou a morte e o devolveu ás ruas, no mesmo lugar, o carro que leva para o IML chegou no outro dia as 10:00h. da manhã, não poderíamos passar a noite sozinhas em casa eu acho, então meus pais achou por bem todos passarem aquela noite na rua, cinco ruas de nossa casa, em uma sexta-feira ás 8 da noite, onde o meu irmão, na volta do trabalho reagiu ao um assalto e foi baleado pelas costas e na cabeça, ficamos ao lado do corpo do meu irmão toda a noite, me lembro dormindo sentada no meio-fio mas acordando de sobresalto algumas vezes com os gritos de desespero do meu pai que teve que ir ao posto de atendimento uma vez por desmaiar, as fofocas dizem que é culpa porque algumas semanas antes dessa trajédia o meu irmão foi lá em casa com uma televisão dessas quadradonas mas pequena tipo do tamanho de um computador hoje e mostrou para o meu pai comprar por 300 reais porque ele precisava pagar uma dívida e o meu pai negou e o que aconteceu era um acerto que poderia ter sidoo evitado, outros dizem que foi em uma sexta-feira e era dia de pagamento e ele estava sem o dinheiro portanto foi um assalto e ele sempre esquentadinho deve ter reagido mas lembrem-se, teve um tiro nas costas e outro na cabeça, qual foi dado primeiro? Não sabemos, não saberemnos, ou saberemos? Quem sabe.
 Minha mãe não moveu um músculo sequer da face, ficou por horas sentada na rua com a cabeça ensanguentada do filho no seu colo, eu conheci uma mãe quando nasci, outra quando tinha10 e meu pai começou a mostrar preferência á mim, e outra depois desse dia, ela não chorou, nem uma vez.

Três meses depois, minha vida mudaria drasticamente e meu o destino também o que me faz questionar muitas coisas, principalmente como sempre por que? Porque as coisas ruins acontecem e muda tudo? E não conseguimos dizer se foi para o bem ou para o mal, porque na vida mesmo depois de uma grande catástrofe alguma coisa boa acontece já percebeu?

Grande ou pequena, significativa ou irrisória mas acontece, é como se Deus fosse uma mãe abusiva que irada com a vida, desconta no filho que é o mais vulnerável e não pode reagir e depois se arrepende e mima a criança, dá um sorvete. Sei que o que eu disse agora parece errado, pecado e imoral mas são uns dos porquês que aparecem em minha mente de dona de casa.

Pois bem, meu avô, pai do meu pai é mineiro, e de lá ele ficou sabendo de uma fazenda de 15 alqueires que estava á venda no interior do triângulo mineiro onde a principal fonte de renda é o café, meu pai ficou animado pois estava abalado e com medo da violência da cidade do Rio de Janeiro, ele tinha mais três filhos e queria nos proteger e acreditava que uma cidade de interior, seria bem mais segura, minha mãe estava em choque e não se opôs em nenhum momento, eu tentei argumentar e pedir para ela mas não adiantou, me lembro de uma conversa no banheiro que tivemos, ela com o olhar parado para o horizonte apenas repetia: vai dar tudo certo filha.

Meu pai vendeu a casa mas no dia antes de saírmos me lembro de passar terra com a minha irmã e duas amigas na parede da sala rindo e me divertindo muito mas revoltada por estar saindo da minha casa e principalmente com muita raiva da família que eu nem conhecia que estava para entrar lá, eu desejava tanto mal para eles, que triste isso né? Mas o pior vem agora, conversando com a minha irmã, ela me disse que lembra que estávamos com o apoio da minha mãe, que era ela quem estava revoltada e nos mandou fazer aquilo, achei que minha memória estava me pregando uma peça, como eu sujaria a parede de casa sem a autorização dos meus pais e permanecer viva? Minha memória me protege mas ela não me trai, minha irmã me confirmou isso e conversando anos depois com os vizinhos, os novos moradores cometaram que éramos nojentos que eles encontraram merda em toda a casa, minha irmã disse que sim, ela se lembrava de que com a autorização de nossa mãe, nós e nossas amigas passamos em todas paredes da casa merda, terra, tijolo e todo o tipo de vandalismo que fosse possível, uma vez ela e sua irmã me deu pézinho para pular o muro da vizinha para roubar os pregadores dela, éramos pobres mas não precisávamso de roubar pregador, rimos muito, acho que era mais pelo o divertimento ou má educação? Seria cultural? A vizinha me parou na rua alguns dias depois quando eu estava brincando com os meus amigos na frente de casa, lembro que me senti imensamente inocente, uma paz, eu não disse uma palavra mas na minha cabeça eu não sabia do que ela esta falando, fazia cara de desentendida, sorria e repetia mentalmente que ela estava enganada, não era eu, mas ela disse com a voz baixa: quando você pulou o muro da minha casa, eu estava no banheiro tomando banho, e eu vi pela janela do basculhante você roubar os meus pregadores e eu ouvi a voz de sua mãe e uma outra, eu sei que você não tem culpa, eu só sinto muito pela a sua vida e é triste dizer isso mas se você quiser ser alguém nessa vida precisa parar de ouvir ela. Só aí foi que eu senti primeiro medo depois vergonha mas quando ela foi embora eu senti raiva.

Meu pai comprou a fazenda que ficava cinco quilômetros da muito pobre e pequena cidade e ao chegar na roça, porque agora direi o que era na verdade, meu pai comprou sem ver, lembra? Em 3 meses após a morte do meu irmão não tínhamos mais casa e estávamos em outro estado, e agora o caminhão com a mudança não conseguia subir a entrada porque era muito íngrime, a roça ficava no topo de uma montanha onde que para chegar precisávamos passar por 3 subidas que quando chovia por muitas vezes o carro ficou no pé do morro por não conseguir subir nem com corrente nos pneus, e quando finalmente chegamos no nosso terreno, na entrada onde ficava o terreiro que é uma área limpa onde se espalha a semente do café depois de colhida para secar mas esta no momento estava com o mato de no mínimo 3 metros, não era possível chegar ou ver a casa sem antes limpar o matagal, depois de feito um caminho, subimos com o caminhão e o fusca, e chegamos até o casebre de Pau-a-pique, imaginem o choque que foi eu conhecer esse tipo rústico e até interessante tipo de construção naquele momento? A casa tinha janelas e portas de madeira com bastante buracos e restos de tinta azul, a cor do barro com o bambu em que consiste a construção das paredes também com suas marcas do tempo que meus pais se encarregaram de dia após dia preencherem os buracos das paredes com os restos de cigarro que faziam de fumo e palha-de-milho, isso parecia diverti-los, as telhas também de barro onde precisaram constantemente de remendos, conheci bem o durepox, tinha quatro degraus de escada para subir pois ela ficava suspensa e embaixo era reservado para fazer um galinheiro porque aquece no inverno, e o chão de tábua-corrida onde eu passava resto do óleo do caminão do meu pai para dar brilho e passávamos cal nas paredes por dentro para ficar branco, nós tínhamos uma área na roça onde o barro que era desse material, não tinha energia elétrica, banheiro, encanamento e muito menos saneamento básico o chiqueiro e banheiro ao lado da casa e á céu aberto, todo o tipo de animais eram nossos corriqueiros visitantes como o barbeiro (o inseto que transmite a doença de chagas), besouros, aranhas, morcegos, ratos, cobras e muitos outros.

Hoje, a casa se eu pudesse ter nos fundos da minha casa como relíquia histórica eu teria, ela é linda, mas para viver uma adolescente de 14 anos que acabou de perder o irmão tragicamente e mudou de estado e largou todos que conhecia desde o nascimento não né, sacanagem.

Meu pai trabalhou muito, muito mesmo, minha mãe também, todos na verdade, oram tempos difíceis, ele colocou quatro madeiras no lado de fora para tomarmos banho e no fogão á lenha nós esquentávamos a água que buscávamos em um filete de nascente que corria por uma metade de bambu á uns 20 metros de casa, nossas necessidades eram feitas pelo o mato e a única regra era não fazer perto da nascente e quando tinha visita em casa o código era dizer que estávamso indo catar tomatinhos, limpávamos o número dois com sabugo de milho que tínhamos em abundância mas se acaso esquecesse usávamos folhas das árvores, descobri que capim-de-boi tem um lado certo para isso, do outro machuca, descobri tanta coisa. Menina da cidade nascida no século XXl mas quando eu leio qualquer livro do século passado, minha experiencia é mais vívida do que a da maioria de vocês, acreditem. Coisas boas na tragédia. Viu.

Outra coisa que aprendi foi cuidar, reproduzir, matar, cozinhar, preparar e armazenar sem refrigerador animais para comer como coelho, cabrito, porco e vaca e também caça como, tatu, aves, cobra, gato do mato, gavião e muitos outros, a carne era ressecada, salgada e defumada acima do fogão á lenha ou guardada na banha(gordura do porco) limpava a tripa com fubá e limão para fazer a linguiça e usávamos também a banha para fazer sabão e sabonete se misturado com o abacate, escovávamos os dentes com a cinza clara quase branca que sobrava pela manhã do fogão á lenha quando ainda estava frio, tinha que ser assim, apenas pela manhã, o nosso banheiro improvisado depois de algum tempo ganhou um telhado e uma privada, claro que não tinha descarga mas agora a visita tinha onde ir e os dejetos eram direcionados para o sítio do visinho, ele aparentemente nunca se incomodou, acho que nem sabia, muita terra, nem vê, eu tive até um porco de estimação que quando pequeno dormiu comigo o cheiroso, tínhamos que acordar cedo para tirar o leite da vaca, tinha que ser antes das 5 da manhã de segunda á segunda sem falhar porque o bezerro precisava se alimentar, para a vaca dá leite, os dois não podem dormir juntos senão o bezerro mama tudo e sem ele nem sei se estaríamos vivos, com ele nós tínhamos o queijo e o bolo de fubá que nunca faltou, plantávamos milho duas vezes por ano, tínhamos muita coisa em abundância na roça, como manga, abacate, ingá, cana, inhame, taioba e serralha e plantamos, mandioca, batata doce, milho de pipoca, feijão, amendoim e tínhamos uma horta que nos dava alface, couve e outras verduras e é claro 3 mil pés de café de onde saia todo o nosso dinheiro para o sustento da nossa família, onde íamos na cidade com a caderneta pegar algumas coisas de extrema necessidade e que não se consegue na fazenda tais como: sal e materiais para meu pai trabalhar na roça, não era permitido comprar itens de higiene nem escolar, e muito menos de beleza, quando a minha menstruação descia, eu usava uns pedaços de pano de roupas velhas que rasgávamos para fazer o famoso "paninho" se estivesse na escola eu tinha que guardar para lavar para poder usar novamente, panos também não nascem em árvores como eu já ouvi.

O trabalho era duro para todos, meu pai alegre por estar ocupando a mente e livre da cobrança do filho de uma amante que segundo a minha mãe esse foi o real motivo de ele querer sair do Rio de Janeiro tão depressa, ele estava recebendo ameaça de morte porque ele parou de pagar o aluguel dela depois da morte do meu irmão, ela desconfiava mas teve a certeza depois do comportamento do meu pai na roça que sempre que um carro diferente subia ele se escondia no mato e só saía depois de vê de lá do alto quem era que estava chegando e nos instruiu para nunca dizer que ele estava em casa se caso algum estranho chegasse proucurando por ele, fora que lá a arma fora mantida sempre limpa, carregada e ao alcance das mãos, segundo ele era por causa dos bichos selvagens como o gato do mato no galinheiro mas que é estranho é, já a minha mãe se manteve anestesiada e calada, sempre com o olhar vazio parado contemplando o nada, o meu irmão se revoltou e alguns poucos meses após nossa chegada, ele completou 18 anos e saiu de casa, era maior de idade e poderia ir e foi, acredito não ter esperado nem um dia para sair daquele inferno, voltou para o Rio de Janeiro contra a vontade dos meus pais e foi morar com a nossa avó paterna que estava morando na casa da antiga fábrica que ainda era nossa mas não dava nenhuma grana, ele diz que lá apesar de ser o filho do dono do imóvel, pela a avó e os tios foi muito maltratado e que segundo ele ficava sem comer e que por um tio foi também molestado, pelas ruas e maus amigos logo começou a andar, e com uma arma na cintura e drogas na cabeça, começou a procurar o assassino do irmão, queria se vingar porque foi ele que o obrigou a viver para o resto da vida com o trauma de encontrar o próprio irmão na saída da escola aos 17 anos, jogado e ensanguentado na rua um, ele não teve nenhum sucesso na sua busca, nem na vida, aos 20 anos, viciado em cocaína perdeu o casamento com a única mulher com quem se relacionou na vida e com quem teve a única filha, Hannah, uma menina que é a luz da sua vida, um ser iluminado que apesar de todos os erros e abandono do pai essa nunca o abandonou e sempre soube vê o melhor dele, chamo isso de amor, ela aceita e fala com muuito carinho que o seu destino é cuidar e perdoar esse pai.

Ele a ama e a respeita, um relacionamento interessante e bonito de se vê, daria outro livro, não sei se ela vai ter tempo de colocar ele no caminho certo, mas ela vai amenizar muito, menina incrível essa.

A vida recomeçava e a escola também, eu queria esquecer tudo o que aconteceu mas me lembro que pouco antes de me mudar, eu estava no escritório da fábrica com a minha mãe, não sei porque mas ás vezes ela tinha que me levar para o trabalho, ele era bem pequeno e que ao entrar, na porta do lado esquerdo ficava o basculhante que de lado, entre duas cadeiras ficava uma mesa com o telefone de discar que eu para passar o tempo, com ele ficava brincando de todas as maneiras com aqueles números, o único que eu poderia discar sem morrer era o disque hora certa, o número 102, pensa numa menina informada sobre as horas (aparentemente eu passava muito tempo esperando a minha mãe), e do lado direito no canto esquerdo ficava um pequeno sofá para dois, baixo, feito de bambu e veludo de cor vermelha gasto pelo o tempo e empoeirado com alguns materiais sobre ele, e no canto direito, dois arquivos desses de ferro verdes com quatro gavetas cada, o barulho era de serra cortando a madeira e ela batendo no chão, e homens cantando, assoviando ou falando no galpão, ás vezes tudo ao mesmo tempo, o cheiro de suor e serragem de madeira era dominante no ar e eu não sei porque mas rabiscando num papel, eu escrevi um novo nome para mim, foi a primeira vez que eu criei um personagem, os meus médicos dizem que sofro de múltipla personalidade, deve ser por isso que tenho tanta facilidade de talvez por proteção, conseguir sair da vida que me machucou, apagar aquela pessoa que fui e criar outra completamente nova, talvez, pelo ao menos é a conclusão que cheguei com os psicólogos e psiquiatras, estamos caminhando, estou me entendendo, mas o fato é que eu escrevi Bia no papel, nunca havia visto, gostado ou pensado nesse nome, apenas surgiu naquele momento e ela era bem tímida e introvertida, o contrário de quem eu realmente era, e ao me apresentar na escola nova, eu disse que meus pais me batizaram por um nome, mas no Rio de Janeiro, meus parentes e amigos, só me chamavam de Bia desde a infância e que todos me chamavam assim e funcionou, outro nome, outra maneira, e com otempo até mesmo o meu pai, este, que incrivelmente com o tempo ouvindo as pessoas na cidade dizendo: Você é o pai da Bia? ele acabou tendo que aceitar e um dia dizer que sim, porque ele já sabia á que se referiam, ele anos depois abriu um salão de beleza para eu trabalhar cortando cabelo, e na frente pintado na parede qual foi a minha surpresa quando vi que mandou pintar bem grande o nome do salão: Bia. E assim passei a oitava série, como Bia, vivendo e conhecendo a extrema pobreza, eu cheirava e me vestia mal, mas mesmo assim o menino mais bonito da sala se interessou por mim, ele me seguia de bicicleta quando meu pai ia me buscar de caminhonete verde de carroceria de madeira velha e barulhenta, a chamávamos de pererela, no inicio eu não conhecia nada, então ele me levava e me buscava, ás vezes de fusca o que era muito legal, quando era com o meu irmão de 17 anos carioca então era só sucesso na escola, eu era a menina tímida e bonita do Rio de Janeiro, mas em pouco tempo eu não poderia namorar porque era impossível fazer alguma coisa além de correr para casa para trabalhar depois da escola, e minha situação humilde de roceira com o tempo começou a se sobrepor, como eu disse, eu não tinha absorvente, desodorante, shampoo, pasta de dente, perfume, minhas roupas eram doação e o meu único par tênis preto estava dois números menor do que o meu pé e eu não tinha outra opção, era ele ou descalça, e um dia estava de pé e alguns amigos de classe sentados no banco do pátio conversando, e um aluno me perguntou: você está com os seus dedos do pé dobrados para dentro do tênis? Envergonhada, corri e retirei os meus pés do alcance dos olhos curiosos e neguei veementemente, imagina, quem vai conseguir ficar andando com os dedos dos pés dobrados para dentro do tênis o dia todo? e saí rindo, passei dias e dias evitando ficar de pé em frente á pessoas para que não notassem que sim, o meu tênis preto e velho era bem menor que os meus pés, e eu para poder calçar-los eu tinha que abrir o máximo os cadarços para o peito dos pés subirem e eu poder encolher os dedos para ele caber nos meus pés, até um tio, aparecer lá em casa e eu disse que queria jogar vôlei mas precisava de um tênis e uma joelheira, tio Dino comprou para mim, e tudo melhorou, com 16 anos, no primeiro ano do ensino médio, começou muito bem no voleibol, eu amava e eu era muito boa atacante de entrada de rede, posição 4, tempo da vantagem, queimada de rede, marquei cada ponto inesquecível, eu voava, na medição eu era de longe a que saltava mais alto, cheguei ao maximo de 70cm, momentos raros que estão somente em minhas memórias, não tem nada gravado e nunca ninguém foi me assistir.

Foi através de uma amiga do vôlei que conheci o Sandro, um homem já com os seus 25 anos, moreno e alto e nos apaixonamos e ele estava sempre comigo nos treinos, na entrada e na saída da escola, e nesse tempo eu já estava indo sózinha á pé ou de bicicleta quando esta estava funcionado, eram 6 quilômetros até a escola, 1 hora e meia andando ou 40 minutos de bicicleta, conhecem Minas Gerais? Muita montanha e no verão um sol escaldante que quando eu voltava da escola já era 1 da tarde, desmaiei algumas vezes na estrada pelo calor, fome e sede, imagina só, eu só comia naquele dia o que a escola dava, e eu não carregava garrafinha com água como já podem imaginar né, e no inverno um frio congelante que até hoje os meus ossos doem se eu sinto um pouquinho de frio, nós não tínhamos condições de comprar agasalho próprio para aquele inverno, passámos frio mesmo, sabia que você se acostuma a se esquentar com o seu próprio corpo? Hoje eu não gosto de sentir frio acho que é porque me cansa, eu automaticamente com um pouco de frio, o meu corpo entra em uma liberação de energia e meus músculos se contraem tão forte que doem e me aqueço com muita eficiêcia, mas é muito doloroso, e era isso que eu fazia dia após dia no inverno pela manhã para ir para a escola com a temperatura quase zero, eu e o meu único casaco era uma camisa de flanela vermelha com listras azul, e tinha também essa que não poderia faltar, pois éra como chamávamos, de época das águas, o mês de plantar milho e feijão era chuva e mais chuva ou seja, muita lama e eu andava sem sapatos na estrada de barro por uma hora até chegar na estrada de paralelepípedo onde morava uma conhecida da familia que tinha do lado de fora da casa uma torneira, e ela nos permitia lavar os pés e beber água, eu calçava os sapatos apertados e andava o restante do caminho, tinha que sair de casa ás 5:00 horas da manhã porque a aula começava ás 7:00 horas, eu no inicio carregava algum papel ou caderno velho com um pedaço de lápis dentro de um saco plástico grande de arroz vazio para não molhar, mas depois por vergonha, desisti, e ia para a escola sem material nenhum, saia de casa com a sacola mas a deixava no mato e pegava na volta, eu não tinha material escolar, meu pai não comprava e minha mãe já não se importava e não tinha mais como pegar dinheiro escondido dele ou na fábrica como fazia antes, e nos quatro anos de escola em Minas Gerais, eu nunca tive material escolar como caderno, lápis e mochila, tive um caderno, a última herança de quando morava na cidade que guardo até hoje com muito carinho. Como me formei? Terminei o ensino médio e não repeti de ano nenhuma vez? Média 6 na maioria das matérias e tudo gravado na memória, eu pegava caderno emprestado dos amigos antes das provas e lia o conteúdo, acho que eu era inteligente.

Eu queria ser médica da marinha, ouvi dizer o dia que abririam as inscrições no Rio de Janeiro, e minha mãe que já estava indo pra lá me deu total apoio e me inscreveu, a prova seria para mais de mil inscritos e seriam poucas vagas, era a minha oportunidade e se eu passasse entraria para as forças armadas e estudaria medicina lá com tudo pago por eles, eu precisava estudar e na biblioteca da escola eu lia tudo o que podia naqueles 6 meses, era a minha grande e única chance, se eu passasse, aos 18 anos estudaria medicina na marinha, claro que teria que trabalhar para eles por alguns anos mas eu não me importava, a prova estava marcada para o dia 15 de julho, estava tudo certo, só que semanas antes, meu pai ficou sabendo na cidade sobre o Sandro, e me perguntou se eu estava namorando e eu sempre destemida com a verdade respondi que sim, e ele então me disse que eu deveria sair da escola, ficar em casa para aprender a como ser uma boa dona de casa, se estou namorando é porque quero me casar e para me casar preciso aprender a ser esposa e mandou minha mãe me ensinar a costurar e a cozinhar, tipo tudo o que eu já fazia desde os 8 anos, e que ele não me dava permissão nem o dinheiro para a passagem para ir para o Rio de Janeiro para fazer a prova da marinha,(o que eu estava estudando muito para fazer), eu disse que terminaria com ele e que não o veria mais, que eu queria estudar e que queria ir para o Rio de Janeiro, não adiantou, ele me deixou continuar indo para a escola mas não me deixou ir para o Rio de Janeiro, no próximo dia na escola falei com o Sandro que deveríamos nos ver escondidos de todos para meu pai não descobrir, e desesperada tentei conseguir dinheiro de qualquer jeito para fugir para o fazer a minha prova, arrumei uma sacola com algumas poucas roupas e escondi no mato na estrada, Sandro me deu 20 reais e isso era tudo o que eu tinha e no próximo dia sai pra ir a escola mas fui para a rodoviária, a passagem custava 30 reais mas eu fiquei lá, o ônibus só saía ás 10 horas da manhã, eu pedi ajuda as pessoas que lá estavam, expliquei a minha situação mas acho que ninguém quis se comprometer, afinal de contas era uma adolescente fugindo de casa, mas teve um taxista, estereótipo mineiro, lembro muito bem do cheiro dele de cigarro de palha que ele carregava por entre os dedos, eu não tinha pedido nada á ele e não sei nem porque, com o meu desespero eu pedi dinheiro para todos que vi naquela rodoviária, mas ele fez contato visual comigo e encostado na Brasília/taxi dele ele fez um sinal com a cabeça para ir até ele e cheia de esperança, sorrindo eu fui, ao chegar ele me disse: eu vou te ajudar, eu te compro a passagem que você quer mas antes você vai comigo de carro até uma estrada aqui pertinho e em meia hora eu já te trago de volta. Ele queria transar comigo por 30 reais! E eu pensei em aceitar, com 16 anos! para poder mudar o meu destino, o meu futuro, eu saí dali sem dizer nada, e fiquei andando de um lado para o outro sozinha, com fome e com sede, naquela rodoviária com minha sacola nas mãos, fiquei ali pensando e andando até ver o ônibus partir sem mim, e naquele momento eu senti pela primeira vez o ódio pelos homens que me acompanharia por muito tempo, eu lembro que fechei o meu semblante que antes estava tão esperançosa e sorridente para comover as pessoas que pedia por favor me ajudem, agora serrei os meus dentes, levantei a minha cabeça, respirei fundo e decidida, voltei para casa.

Depois disso meu pai estava desconfiado que eu não tivesse terminado com o Sandro e me seguia quando eu estava voltando da escola, quantas e quantas vezes eu quase chegando em casa após andar mais de uma hora, ele passava por mim de carro, buzinava e seguia, poderia ter me levado, mas não o fazia, ele seguia com o carro e eu continuava o caminhando até em casa.

Para fazer um dinheiro ele vendeu a fábrica de móveis mas não conseguiu o que queria, porque quem comprou pagou com pequenas pretações que dava para o sal e então ele arrendou(aluguel pago com colheita) o sítio, e nós nos mudamos, fomos viver na cidade de aluguel nos fundos da casa de uma conhecidada dele, a casa tinha um quarto e no banheiro, lembro que o cano onde deveria haver um chuveiro, ficava bem acima da privada de tão pequeno que era, na sala dormíamos uma tia e seu filho, minha irmã e eu, mas tinha saneamento básico e ficava perto da minha escola então foi ótimo e eu estava muito agradecida e eu pude treinar mais o vôlei, ficava até o final da tarde todos os dias, mas meu pai parecia cada vez mais obcecado, eu já tinha quase 17 anos e ele só pensava em não deixar nenhum rapaz chegar perto de mim, o Sandro eu ouvi dizer que eles se encontraram e brigaram, foi feio, houve até ameaça de morte e eu nunca mais o vi nem soube notícias dele.

Certo dia, era por volta das 5 da tarde eu estava saindo da escola e essa minha mania de andar olhando pra traz sempre pude perceber quando meu pai estava me seguindo, e eu o vi atrás de uma árvore, vi sua cabeça, seus óculos, seus cabelos brancos, seus olhos acusadores e ao chegar em casa eu o confrontei, nós brigamos feio, a minha mãe ainda não tinha chegado da colheita do café, (ela estava trabalhando colhendo café em outras fazendas para fazer um dinheiro extra), e no calor da discursão naquela casa tão pequena, estávamos na cozinha perto da porta do quarto deles, ele me batendo e eu gritando, ele me empurrou e eu caí na cama deles e continuou, eu não chorei, me lembro que com muita raiva eu lhe disse: quando você morrer, eu não carregarei o seu caixão, naquela semana eu me lembro que fiquei de cama, acho que foi garganta inflamada, e sempre demora para curar, chá de raíz de salsinha era o meu remédio, que funcionava mas demorava e eu sempre fiquei muito doente, uns 3 dias depois minha mãe disse que nunca viu meu pai tão triste, que não falava e não comia por conta dessa briga que era para eu perdoar ele porque ele estava muito triste, eu não o perdoei mas um dia tive que sair da cama e continuar lutando, a minha luta estava apenas começando.

O namorado da minha professora de português, era promotor de justiça na cidade, tinha uns 35 anos, bem bonito, nós nos conhecemos na escola através dela em uma das vezes em que ele foi lhe buscar e não muito tempo depois na saída da escola ele me seguiu de carro e eu caminhando até a minha casa puxando conversa fiada falando sobre nada, estranhei mas ao mesmo tempo me senti vaidosa, interessante, afinal de contas, um homem importante na cidade como aquele querendo falar comigo uma ninguém me fez sentir alguém, e é tão bom se sentir assim, conhecida, reparada ao menos uma vez na vida, eu continuava muito bonita mas vivia na extrema pobreza e com isso você é invisível, ninguém sequer te ouve quando você fala e isso machuca tanto. Bem, ele foi um dia até a minha casa, não me lembro com que desculpa, e começou a aparecer todas as tardes, muito simpático e conversava com a minha mãe no portão de casa, nós sentadas na pequena calçada, no meio-fio e ele no banco do seu elegante carro com as portas abertas, não era nem um carro tão bom assim mas eu nunca tinha andado em um com ar-condicionado como o dele era e só de estar conversando com o dono do carro eu me sentia muito bem, e minha mãe aparentemente também porque sempre foi muito simpática, mas em pouco tempo eu comecei a achar tudo aquilo estranho só que não há tempo porque em uma final de tarde, (meu pai não sabia nada disso), ele apareceu no portão de casa como de costume e minha mãe e eu na calçada conversando, ele disse: gostaria de levar a sua filha para passear de carro, só uma volta a senhora me daria permissão?E minha mãe mais que prontamente disse: vai filha. E eu fui.

Ele tinha 36 anos e namorada, a minha professora e eu 16, ele tinha um carro e estávamos nele em um final de tarde, eu miserável e ele promotor de justiça, a minha mãe sabia o que ele queria e me deixou ir porque tinha interesse ou foi inocente e enganada assim como eu ? Ainda não resolvi isso com ela, mas preciso, temos que conversar sobre isso por mais doloroso que pareça, o confronto e a verdade é o único caminho para a liberdade e a cura dos males que me assombram disso eu sei até aqui.

E passamos pela a cidade, e em 15 minutos estávamos em uma estrada de chão, a mesma estrada que dava para o nosso sítio depois de 5 minutos na estrada de barro ele colocou o carro em um caminho entre árvores em uma subida onde não passaria carros e cabia apenas o dele, parecia uma estrada abandonada mas é na verdade a entrada para uma lavoura de café onde eu conhecia o proprietário por passar tantas vezes por ali, e só passava carro ali na época de colheita e antes de eu perguntar o que estávamos fazendo lá, ele mesmo pequeno e magro, cabelos negros e volumosos, bem penteado, com sua camisa meio rosada social de botão todo perfumado, com um gesto só deitou meu banco e abriu a calça jeans dele, colocou a camisinha e como mágica tirou a minha roupa que eu não me recordo como era mas tanta era a destreza e rapidez que fiquei sem reação mas com a absoluta certeza de que ele havia feito aquilo muitas vezes antes e me penetrou, durou segundos porque eu não senti absolutamente nada, fiquei estática, congelada, eu não me movi, não disse uma palavra, nem um gemido, acho que nem pisquei, quando ele deitou o meu banco e subiu encima de mim, eu me lembro de ter colocado as minhas mãos no peito dele para o empurrar, e virei o meu rosto em direção a janela na minha direita onde eu vi um barranco alaranjado com um pé de café seco com poucas folhas verdes, ele tirou as minhas mãos e já estava penetrando, eu não queria mas já era tarde demais, o que mais eu poderia fazer? Pelo ao menos eu não fiquei lá porque em minha mente naqueles poucos minutos eu estava me perguntando: porque aquele pé de café estava ali sozinho no meio daquele mato todo? Só ele resistiu as intepéries ou o esqueceram de arrancar? ou ele nasceu depois contrariando tudo pois não era para ter nascido, por isso era assim tão triste, pobre, feio e sozinho? Quantas vezes eu pensei que eu era para ser como esse pé de café mas por sorte eu só não era enraizada e custe o que custasse eu não ficaria como ele. O bom da mente é que quando desconectamos ela do corpo e nos deixamos viajar, a percepção do tempo muda, não sei dizer se ele demorou muito para se satisfazer com seu criminoso e nojento plano sexual com uma adolecente virgem mas me pareceu que ele foi bem rápido para satisfazer o seu desejo doente de pedófilo estuprador, vi ele saindo de cima de mim, depois ele tirou a camisinha e a jogou fora pela janela, fechou a calça jeans desbotada e os dois em completo silêncio, ligou o carro, eu assisti tudo aquilo só que agora em câmera lenta, até que paramos em frente da minha casa e eu abri a porta do carro e desci, respirei fundo e fingi que aquilo nunca aconteceu comigo porque ao chegar em casa disse para a minha mãe que foi tudo bem, hoje eu entendo porque fiz isso, foi por vergonha e medo, ele era promotor de justiça de uma minúscula cidade de interior e porque ninguém acreditaria em mim, desde criança eu ouço como as pessoas falam das mulheres, meninas sedutoras, um bando de safadas e os homens como vão resitir? São homens, é instinto, é mais forte do que eles e são feitos assim, eu é que errei dando corda para ele pois sabia que tinha namorada e entrei no carro dele porque eu quiz, o que eu queria? Vai dizer que eu nessa idade não sabia o que ele queria? Eu estava caçando também, safada e agora quer se fazer de vítima para se dar bem. Esse discurso lhe parece familiar? Não, eu jamais poderia dizer nada pois assim só voltaria mais coisas ruins contra mim. Errado. Eu me arrependo de não ter falado mesmo se ninguém acreditasse em mim, com os anos, o meu silêncio me destruiu muito mais do que qualquer acusação faria na época, lembre-se que o tempo passa e as pessoas tem memória curta e sempre se esquecem de coisas assim, o mais importante é o seu sentimento e o que pode mudar em você e esse silêncio daqui há 10 anos eu te digo, isso vai te destruir por dentro, porque para se esconder e escapar da dor você vai fingir para você mesma que nada aconteceu e vai ficar um vazio na sua história de vida que para preencher você vai criar uma e depois outra e no caminho você vai se perder de você mesma e isso não é nada bom porque como Sócrates já escreveu lá na entrada do Oráculo de Delfos: 'Conhece-te a ti mesmo' e se ele disse é porque deve ser importante e eu estou agora afirmando que depois de mais de 30 anos me escondendo posso dizer que ele tinha razão, você não saberá mais quem você é e não vai mais se reconhecer no espelho, e não vai saber como andar, agir, responder e planejar a sua vida, e que para sobreviver e seguir, você precisa criar um personagem e isso te deixará cada vez mais doente e perdida de você mesma então minha menina, foda-se os outros, conte, saia do carro batendo a porta e já gritando á plenos pulmões: ele me estuprou, uma passada de mão no trabalho grite na hora, uma cantada abusiva, um olhar indiscreto quando está amamentando, um comentário insolente sobre a sua roupa ou a sua maquiagem faça o seu show, quem deve sentir vergonha e medo são eles não você, era o que eu deveria ter feito e hoje eu sei e você que está lendo isso agora também sabe.

E ele nunca mais voltou, apenas meses depois recebi a notícia de que ele faleceu em um acidente de carro e eu já fiz as pazes com a alma dele e a minha e que por mim ele ja está perdoado e livre de qualquer reparação espero que o seu espírito encontre a paz.

Voltamos a viver na roça e nos dois últimos anos do meu ensino médio na cidade onde eu morava, existia apenas aulas noturnas e seria quase impossível andar aquela distância á meia-noite todos os dias, preoculpada em não ter que parar de estudar, consegui um trabalho em um salão de cabeleireiro onde eu ganharia, 30 reais e esse valor foi o que me cobrou os tios de uma amiga para eu poder dormir na casa deles, antes do trabalho eu cozinharia para o meu patrão no quartinho dos fundos do salão e ele me deixaria comer um prato em troca todos os dias e assim eu passava a minha semana mas as vezes eu pegava fiado um pão na barraca da frente da casa, coisa muito humilde mas saí devendo á eles alguns pães e passei anos os evitando depois disso, gostaria de um dia poder pagar essas e outras dívidas, e quando chegava os finais de semana eu ia para a roça, estranhamente meu pai aceitou toda essa idéia.

Nesse trabalho, um belo dia quando o salão estava vazio e nós estávamos assistindo televisão depois do almoço para passar o tempo enquanto algum cliente não aparecia como de costume, o meu patrão me perguntou assim no seco: você é virgem ? Eu respondi que sim, porque eu era, eu havia deletado o estupro da minha vida e então em minha mente eu era claramente virgem, e sonhava como toda adolecente uma primeira vez muito especial e romântica, ele me disse que tinha um homem bem mais velho por volta de 50 anos, mas com muito dinheiro e que era cliente do salão, gostava de meninas virgens, que me viu aqui, e que gostou muito de mim, e que ele fez para ele, uma proposta de me pagar 5 mil reais para transar comigo e pediu para ele me oferecer, eu disse que eu perderia a minha virgindade apenas por amor, que dinheiro nenhum no mundo por mais miserável eu fosse me faria mudar de idéia, continuei trabalhando lá por algum tempo e nunca mais se tocou no assunto, muito tempo depois, eu já casada e com uma filha, vim a trabalhar na loja para esse homem que me fez essa proposta, olha que mundo pequeno, mas nós nunca falamos nisso. Será que ele se lembra? Certa vez precisei de dinheiro e o oferecemos, meu marido e eu um cavalo que tínhamos e perguntamos se ele não tinha interesse de comprar, nós pedimos 600 reais, um valor bem mais alto do que aquele cavalo estava valendo naquela época e ele apesar de ter sido comerciante a vida toda, lembro que muito facilmente aceitou e comprou o cavalo, nem negociou o preço,pena? ou seria culpa?

Em um final de semana indo para a roça pela manhã, na estrada de chão no meio do nada e sozinha como sempre, o sol já estava alto quando desta vez passou por mim de moto um conhecido da família, ele deveria ter uns 35 anos não sei bem ao certo, ele passou por mim de moto, e me ofereceu carona e eu não queria andar mais uma hora e aceitei o que era normal nessa cituação, em cidade do interior, principalmente no meio rural, você oferecer e aceitar carona até perto de sua fazenda com pessoas que você conhece é muito comum e seguro, ao menos sempre foi e indo em direção a minha roça nós dois na moto ele se virou e me disse: estou indo encontrar (disse nomes de conhecidos) no Rio Claro para tomar banho de rio você não quer ir não? vamos pra lá? Sempre íamos tomar banho nesse rio no verão, principalmente nos finais de semana que ficava cheio de gente, e disse: estava pensando mesmo em ir hoje com o Afrânio e o Áureo, como já tinha feito muitas vezes, esses dois eram os meus vizinhos de porteira como dizem, moravam na fazenda que ficava ao lado da nossa, dois irmãos da minha idade e super respeitosos, eram como irmãos para mim, e completei: mas posso ir agora de carona com você e talvez encontre eles lá, se eles não forem, depois você me traz de volta? Claro! prontamente disse ele, chegando lá ele passou direto com a moto pela a parte onde o rio faz um poço onde mergulhamos e onde as pessoas se acomulam e estacionou a moto em lugar um pouco mais á frente e mais afastado desse poço e enquanto ele subia eu o questionava dizendo: volta, eu quero ficar lá embaixo, ele calmo e seguro seguia acelerando a moto morro acima e só repetia que ficava muito cheio embaixo e que iríamos descer caminhando pelas pedras, tudo bem pensei, ele só deve estar querendo cuidar de estacionar a moto, e não bubimos muito, uns 500 metros e pensei que descendo pelas pedras até que seria bonito, eu já tinha feito aquele passeio por entre aquelas pedras muitas vezes antes, e assim fomos, começamos a descer no caminho entre as pedras e dentro das águas do rio, eu estava alegre andando e toda animada na frente e ele me seguindo, falávamos de trivialidades, estava tudo tão leve, que lugar bonito, mas súbtamente ele me segurou pelo o punho e me puxou para perto dele para me beijar mas desta vez eu lutei, eu o empurrei e disse: você é casado e eu conheço a sua mulher e seu filho, você conhece a minha família, e é muito mais velho do que eu, não posso te beijar, e ele respondeu: não vamos ter nada, você é virgem não é ? Qual é essa obsessão por virgindade desses homens do interior? São só do interior? Isso ainda acontece hoje em dia? Eu respondi que sim. Ele disse que queria só me mostrar a melhor coisa que um homem e uma mulher poderiam fazer e ali naquele lugar lindo seria inesquecível para mim, que ele estava de olho em mim há muito tempo e sabia que eu passava naquela estrada nos finais de semana para ir para casa e aquele era o plano e o lugar perfeito para acontecer a minha primeira vez e que tinha que ser com ele, lutando para me soltar dele eu disse que ele estava enganado que eu queria que fosse com um namorado, não assim com homem casado e que eu queria ir embora para a minha casa foi então que ele me perguntou como eu iria embora se ele não me levasse. eu fui com ele, e eu teria que transar com ele se eu quisesse ir embora, então comecei a andar para encontrar com as pessoas que estavam mais embaixo para pedir carona para ir embora para a minha casa, parece que ele percebeu que eu não apresentava ceder a chantagem dele, então decidiu partir para a única alternativa que ele teria naquele momento para conseguir sucesso com seu plano nojento, a violência, e foi o que ele fez, ele correu, me alcançou e me empurrou no rio que tinha apenas uns 30cm de profundidade de água corrente e cristalina, o barulho da cachoeira que ficava logo acima e com o fundo repleto de pedras de todos os tamanhos e tons de cinza, com uns 3 metros de largura e com pedras altas de uns 5 metros de altura mais a vegetação nas beiras, um buraco perfeito para se cometer um crime, e foi o que ele fez, não perdeu a oportunidade e ao me empurrar, eu escorreguei e bati a cabeça na pedra, acordei segundos depois deitada sentindo a água gelada correndo em minha nuca, adormecendo o corte que fiz atrás da cabeça, ele era bem baixinho, moreno, forte, corpo até que atlético, meio índio, olhos negros e grandes, muito bonito, tinha a boca carnuda e com o olhar brilhando mas também perdido me olhando fixamente e arregalado, cabelos negros molhados caindo á testa, suor, sobrancelhas e cílios negros também úmidos, estava há dois dedos do meu rosto, respirava ofegante, olhava pros lados apressado, enquanto movia o seu corpo pra tráz e pra frente, pequeno sorriso com a língua nos dentes e boca entreaberta, me olhou, e cheio de saliva com gosto de água de cachoeira, gosto que me lembra a Mãe das águas, ele me beijou, com nojo meu coração acelerou, desta vez, meu corpo e a minha mente estavam no mesmo lugar, onde está o meu pobre, pelado e solitário pé de café? Virei o rosto para o lado esquerdo, e eu ainda estava ali, sentindo toda aquela dor, aquele cheiro de água e suor, ouço o barulho dos pássaros e da cigarra cantando, o som da água descendo o rio, estava também ouvindo ele gemer, sentindo a dor de ele me penetrar e sentindo a água passar pelo o meu corpo, eu ainda estou ali, eu quero sair dali e então olho para o céu, eu vejo as nuvens, as árvores, as pedras, mas volto para o momento, ouço gente falando lá embaixo muito longe, eu queira chamar eles mas não consigo e fico calada, porque agora tenho vergonha, agora não quero mais que ninguém me veja, porque eu estou aqui transando com um homem casado, e se eu engravidar? meu Deus, a minha vida acabou! Ele demorou, e eu senti tudo, mas mesmo com dor, uma hora perto do fim, teve até um momento que eu gostei, ou acho que gostei? Criei isso na hora como defesa? Criei isso depois para as memórias não machucarem muito? Criei isso depois para me excitar e chegar ao orgasmo? Não sei. E não importa. Ou será que importa, e muito ? Não cheguei na resposta, ainda.

Ele terminou e eu o empurrei, sentada ainda limpei o sangue, o corte foi pequeno, sentada só deixei as águas correrem nas minhas partes íntimas, não consegui tocá-las, ajeitei a minha roupa e me levantei lembro que falamos bastante, não me lembro o que, eu andei até onde estavam as outras pessoas, tudo o que eu queria era mergulhar de cabeça naquelas águas geladas como que para me limpar, na verdade eu esperava por um milagre, queria sair daquele banho com a alma limpa, ele também estava lá e a vida seguiu normal como se nada tivesse acontecido, os meus amigos estavam lá e voltei com eles, o Alexandre não demorou muito e foi embora, a vida andou e 4 anos depois, eu vim a ser vizinha dele, pois é, em meu segundo ano de casamento morei por um ano em um prédio de 3 andares sendo o meu no segundo e o dele no primeiro, e apenas anos depois percebi que conversei e convivi com o meu estuprador como se nada tivesse acontecido, porque? Já estava em outra personalidade, nesse ano eu fui a esposa perfeita, percebo hoje que para ele, vivi um ano de minha vida excusivamente para atingir o meu estuprador tipo o que? eu cozinhava sem faltar 3 refeições por dia(eu conhecia os horários dele) e escolhia o que mais cheirava para ele sentir, gemia muito alto e todos os dias tinha sexo em casa, meu marido adorou esse ano tenho certeza, mas a que custo? E fazia meu marido ficar no portão sentado comigo todas as noites antes dele chegar do trabalho para ele nos ver juntos nos beijando e felizes, eu queria que ele me quisesse mas que não poderia me ter assim tão maravilhosa, uma maneira que encontrei de vê-lo sofrer? Talvez, só sei que era isso o que eu queria, mas porque? eu fui ao seu velório, pois é, ele também faleceu, mas em um acidente de moto, eu só vim lembrar do acontecido em terapia, com mais de 30 anos de idade e realmente a dor vaginal me excitava e em terapia descobri que era por isso, então você diz: se está gozando, tá tudo certo, não meu caro, aqui, a ordem dos fatore alteram sim o produto, quando eu imaginava dor com prazer que no subconsciente era de um trauma, isso me trazia angústia depois do sexo, depois que eu gozava eu me sentia, cansada, abusada, vazia e sozinha, e agora que sei que dor me dá prazer mas que se origina desse abuso, e eu sei que aquela dor foi de lá e pertence ao passado e é lá onde ele deve ficar e não na minha memória, eu sei que ele existe e me lembro dele mas com um nome e exatamente como foi e não uma fantasia doente que preciso trazer para o meu presente para ter prazer, eu sempre busquei me machucar em minhas relações sexuais, buscava homens de aparencia e idade que não combinavam com a minha, me sentir humilhada me trazia conforto apesar de acabar com uns bons meses da minha qualidade de vida depois, e que agora quando dói e gosto, sei que estou segura e acolhida e quando olho para o meu marido e vejo que é ele e depois de gozar agora curada do trauma, eu me sinto plena, relaxada, respiração e coração acalma, eu fico em paz, satisfeita. Isso é amor no sexo e não abuso e trauma, eu levei 45 anos para saber essa delicada diferença.

Vivi a minha vida como uma adolescente normal querendo conhecer a vida, namorar e me casar, já que meu sonho profissional não se realizaria sem uma grande revolução e com um grande risco à minha segurança, eu sempre sonhadora e todo esse trauma não passava pela a minha mente nem por um momento sequer, nem uma única vez, era como se nunca tivesse acontecido nada disso, eu criei um personagem para mim de uma moça virgem, da roça que seria uma boa esposa e mãe, com uma amiga eu fazia planos e tínhamos sonhos como toda menina da nossa idade, íamos a igreja evangélica, e em uma reunião de um grupo de jovens em um final de tarde chuvoso, a reunião já tinha começado e eu vi ele entrando com as roupas e o cabelo molhado que parado na porta neles passou suas mãos grandes como que em câmera lenta e entrou, perguntei a minha amiga o seu nome e ela me disse: Emanuel, esse veio a ser o pai da minha filha. Eu estava terminando o penúltimo ano do ensino médio e ele também, apesar de ser um ano mais velho que eu, como eu estudava a noite nesse momento, eu trabalhava na fábrica de fazer biquínis como overloquista, e dormia na casa de uma amiga, e estudava á noite, a mesma coisa, no final de semana ia para a casa dos meus pais, ele me buscava na escola e me levava para a casa dessa amiga, foi o namoro dos meus sonhos, o que eu e todas as meninas deveria, ter tido, sempre e apenas, e que para mim foi assim por muito tempo essa negação, esse sonho que criei, afinal o que eu estava vivendo agora era bem melhor, ele era carinhoso, gentil e muito bonito, alto, cabelos negros, rosto perfeito e talentoso, era músico também, me apaixonei e em algum tempo levei para pedir autorização ao meu pai para namorar, em minha casa teria que ser assim, e lá foi ele, todo corajoso, em nossa humilde casa, apesar de ele também ser, nós éramos miseráveis, uma cena eu nunca mais esqueci, uma noite em um final de semana, ele foi comigo até a roça, como já era por volta das 8 estávamos os dois com fome, e eu fui preparar algo para nós dois comermos, foi quando revirei a cozinha e encontrei apenas um ovo e um resto de arroz que daria apenas para um prato, dormi com fome naquela noite, foi apenas uma de muitas que já dormi, e não por dieta, essa é ruim mas por necessidade, essa machuca a alma, bem, conversaram meu pai e ele, eu não era autorizada á ficar na sala, apenas emquando fosse chamada, então entrei e meu pai me perguntou: você quer namorar com ele? Respondi que sim então ele disse: não quero namoro longo, traga os seus pais aqui para eu conhecer a sua família, ela pode terminar a escola pois falta apenas um ano, e vai começar a aprender tarefas de casa e se preparar para o casamento e assim fizemos, um almoço, conhecemos a família dele, o ano passou, ele respeitava os horários que meu pai impunha todo o tempo, ele me acompanhava nas minhas longas caminhadas da escola, trabalho, casa de dormir e roça, tanto que o atrapalho nos estudos, ele largou o último ano que para ficar comigo, ele não concluiu o ensino médio, a familia dele era humilde mas de ótima educação e caráter, conheci poucas pessoas corretas eticamente como eles, evangélicos e nunca os vi desejar mal as pessoas, praguejarem ou roubarem, bem diferente do meu seio familiar, era novidade tudo aquilo para mim, cheirava limpo, leve, eu adorava estar lá, aprendendo e descobrindo que existiam pessoas boas nesse mundo, foi isso, pela primeira vez, estava se abrindo um mundo novo para mim, um mundo bom.

O namoro começou a ficar mais quente, como tinha que ser, apesar de ele ser um homem respeitador e incrível que me amava, ele era homem, e começamos a falar em sexo, disse que era virgem, ele nunca duvidou, meus comportamentos não me desmentiam e para mim, eu era, fui abusada e na verdade eu mesma acreditava que era virgem, acredite se quiser, olhe como a mente é traiçoeira, eu acreditava que era virgem, não sei se por dizer a mim mesma, por querer, por querer que ele acreditasse, ou porque eu quis mesmo esquecer, e esqueci, acredito que se eu contasse para ele a verdade não teria problema, pelo contrario, ele, bom como era, teria ate mais empatia por mim acredito, nem foi por medo ou vergonha que não contei, foi porque eu era virgem. Todos os dias ele me encontrava na porta da escola para me dar a pílula anticoncepcional, porque eu não poderia ter comigo para ninguém descobrir o que estávamos planejando fazer antes do casamento e para eu não engravidar como consequência desse nosso plano. Uma semana se passou e o dia de realizar o plano chegou, era para ele pegar o carro do patrão emprestado e dinheiro para o hotel, ele veio me buscar na saída da escola, eu estava ansiosa, pois não era uma saída como as outra, ele apareceu com o carro que ele até lavou, mas a grana para o hotel não rolou, ele me pediu paciência, para esperar mais um pouco, porém nós nos olhamos, o carro estava lá, e aconteceu no carro mesmo, a minha primeira vez, eu estava presente, cada segundo eu me lembro aqui e agora, foi perfeito, o luar, as cores, o som, o brilho os olhos dele, o suor, o cheiro e principalmente a atenção e o cuidado dele comigo, isso sim é um homem de verdade, e essa sim era a minha primeira vez que por muitos anos escolhi me lembrar.

Em uma noite, eu ja tinha 18 anos e quase terminando o ultimo ano escolar Emanuel foi até a minha casa pedir aos meus pais a minha mão em casamento, sentado na sala com os meus pais, da cozinha eu o ouvia dizer: estamos namorando já ha algum tempo, a sua filha e eu nos amamos, e queremos nos casar, meu pai em uma atitude muito estranha se levantou e irritado perguntou á nós dois: vocês já estão transando? Silêncio. Ele repetiu : você já transou com ela? E da cozinha eu gritei: sim! Me lembro de me sentir muito irritada mas amarrada, nada mais eu poderia fazer além daquele grito, mas eu queria fazer mais, muito mais, porquê? Ainda com o estômago revirado e frio, vazio, o arrepio, meu pai se sentou e se virou para o Emanuel e acrescentou: você foi o primeiro? Ela era virgem? Ele assentiu que sim com a cabeça acredito, e meu pai disse: pois vocês vão se casar é logo, tínhamos era setembro, tínhamos marcado a data para setembro do próximo ano, ele disse, exigiu aos berros, que tínhamos que nos casar em maio, minha mãe nada falou, e assim aconteceu, me casei, no cartório, mas com amigos e familiares dele, os meus, não havia ninguém, uma amiga me emprestou um vestido longo cor de salmão, muito lindo, ele e todos estavam muito bem vestidos e elegantes, eu estava feliz e na saída, eu vi a camionete do meu pai, fui até lá e ele estava de pé na porta do carro com a sua camisa de manga curta e bolso, de botão, normalmente branca com listras azul e manchas da fábrica como cola, madeira e óleo, cheirando a madeira, pó de serragem, calça jeans clara e larga presa no cinto preto ou marrom já bastante gasto pelo tempo, muito suja, de tudo que um trabalhador rural merece ter em suas calças, e o seu inseparável chinelo de dedos havaianas, cheguei como uma gatinha que a mãe bate quando vai mamar, mas ela tem fome e volta, e apanha novamente e se machuca mas ela precisa que ela o aceite só mais uma vez, para ela poder mamar só mais um pouco, ela deixa, e a gatinha vem e mama ferozmente até a mãe do nada bater nela, se levantar e sair novamente? Eu cheguei assim perto do meu pai e com a voz baixa e um sorriso eu perguntei onde estava a minha mãe, e ele me respondeu que estava cozinhando feijão. Como perdoar uma frase dessas vindo de sua mãe no dia do seu casamento? Como ser feliz depois disso? Eu me faço, desde da hora em que acordo até a hora de me deitar, as vezes me esqueço e consigo, as vezes me lembro e fico na cama ou contemplando dentro de mim a dor cada vez com mais riqueza de crueldade para me machucar cada vez mais. Dei um abraço no meu pai, ele cumprimentou o Emanuel, e seguimos, agora cada um para a sua casa.

Tem gente que veio nesse mundo para passar muita coisa boa, só coisa boa.

Tem gente que veio para passar coisas ruins, só coisas ruins,
Eu passei muitas coisas ruins, muito ruins.
E depois coisas boas, muito boas.
Mas as ruins do meu passado, não me deixaram ver que eram boas.
Apesar de sempre ter sido muito agradecida,
Eu nunca fui feliz.
Só agora sei que felicidade, é poder reconhecer quando as coisas boas

estão acontecendo.

Para mim, eu nunca deixei de viver o ruim.

Com 18 anos, casada, tinhamos nossa casa simples mas decorada e cuidada com muito carinho, ele trabalhava o dia todo e fazia bicos a noite como músico, eu trabalhava na loja de roupas como vendedora, íamos a igreja todos os domingos e participavamos dos grupos e do dízimo, éramos fiéis a doutrina evangélica, me batizei e fomos muito felizes por um tempo, menos na parte sexual, ele me atraia, era bonito e gentil, tinha tudo no lugar e perfeito, cheirava bem, fazia bem apesar da inesperiência assim como eu, e somando com o que eu aprendia na religião, por volta dos 20 anos, eu nunca fiz sexo oral em meu marido, tinhamos o papai e mamãe básico e mesmo assim eu não gostava, eu nunca gozei, eu não sabia como e nem se era possível e nem tinha com quem falar sobre e essa era a minha única fonte de informação da época, mas eu tinha tudo e se encaminhando bem, eu nao queria ter filhos mas ele nao concordava e pedia sempre, eu sempre pensei que o mundo era um lugar inapropriado para se criar a vida, a vida aqui nao é boa, entao porque ainda insistimos em colocar crianças para passar o que nós passamos? Isso nao faz sentido para mim, parece egoísta, se estou em uma experiência ruim porque eu traria outro ser para passar ela comigo? Tem coisas boas, sim, aqui vivemos e sentimos momentos incrívelmente bons, mas para mim, não é o bastante, deve haver lugar melhor que a terra para reencarnar, e que se dependesse de mim, através de mim, ninguém reencarnaria, porém apesar de pensar que tomamos as decisões de nossas vidas, eu não, eu sou influenciável e para agradar as pessoas eu faço coisas que vão contra minhas crenças, e tudo bem, eu já me acertei com isso, eu sou assim, gosto de ver as pessoas felizes, e não me arrependo do que faço, ao conttrário, levo como minha responsabilidade as consequencias do que fiz e jamais culpei o outro, a decisão ao final foi minha, com quatro anos de casamento eu estava na loja almoçando, e pela primeira vez decidi dar um trago no cigarro de uma colega de trabalho, corri para o banheiro e vomitei muito, ainda sinto aquele gosto horrivel na minha boca, e olha que eu sou fumante, fiquei enjoada o resto do dia, passei na farmácia para comprar um teste de gravidez, eu não estava atrasada nem nada mas os meus seios estavam enormes e doloridos, sempre conheci o meu corpo muito bem e com duas semanas eu descobri que estava grávida, como a mente funciona, eu já não tomava anticoncepcional há 8 meses por insistência do marido, família e amigos: casados há 4 anos, o bêbe vem quando? E eu na certeza de que como eu não queria, não ficaria grávida, na minha cabeça, eu era estéril, do nada eu tinha essa certeza e estar grávida foi uma surpresa, Emanuel ficou muito emocionado e feliz, eu preoculpada e nunca mais passou. Todos esses anos eu não vi os meus pais.

Algo mudou em mim, fui até a casa dos meu pais para pedir a ajuda da minha mãe, eu estava com medo porque eu não fazia idéia do que me esperava, eu só sabia o pouco que estudei nas aulas de ciências e as conversas sobre as experiências de mulheres conhecidas, o que na maioria das vezes me deixava mais apavorada com as histórias de fulana, coitada da fulana, eu já estava com 8 meses de gestação e me alimentava muito bem com sucos e alimentos naturais, muitas frutas e vegetais, não tomei vitaminas e acompanhamento médico foram 5 vezes pelo SUS, que maravilha ter médico gratuito, aqui eu me cuido testando medicamento e vejo qual funciona, era o que eu tinha, esse é o meu lema aqui, fiz 3 ultrasonografias que para marcar tive que acordar as 2 da manhã para ficar na fila, mas ainda bem que marcam cedo, tenho tempo de ir trabalhar, e minha filha provavelmente faria o mesmo, porque que eu fiz isso com ela? Mas ela estava bem, fomos morar com os meus pais, eles fumavam dentro de casa o que me deixava muito chateada, eu pedia, pela criança, por mim, mas a falta de cuidado, amor ou só falta de informação mesmo eles não mudaram a rotina deles nem uma única vez.

Domingo por volta das 8 da noite, senti uma pontada nas costas que me fazia querer ficar de cócoras, e assim fiquei gemendo com essa dor chata a noite toda, e pela manhã minha disse que era melhor me levar ao hospital porque já estava na hora, eu estava com 42 ssemanas, chegando lá me enfiaram o dedo na vagina e me mandaram de volta para casa, eu ainda não estava dilatada o suficiente o bebê não iria nascer naquele dia, passei a segunda feira com dor e á noite não aguentei e voltei, eles me deixaram lá naquela noite mas eu ainda não estva dilatada o suficiente mas eu poderia passar a noite lá em observção, fiquei aquela noite em um quarto grande com mais 6 camas e todas ocupadas, como eu sentia muita dor, ficava andando pelo o quarto, ao redor da minha cama, fazia xixi o tempo todo, dizem que era a minha bolsa que eu estva eliminando o liquido aminiótico, parto seco, me agachava, esticava, andava, eu só não falava, não fazia barulho, na minha cabeça eu não queria incomodar as enfermerias, com 22 anos e sem informção nenhuma, elas eram seres especiais para mim que deveriam ser incomodadas só em casos graves e eu só estava tendo um filho, o que deveria ser normal, isso não é grave, não é doença, e se você na hora do parto ficar gritando, ou chamando, enchendo o saco das enfermeiras ou dos médicos à toa, eles ficam bravos e brigam com você, essa eram as histórias que eu ouvia e acreditava e por vergonha, aguentei aquela dor calada vendo mulheres saindo e voltando da sala de parto, umas tomaram remedio para estimular as contrações, outras precisaram de cesariana, eu queria cesariana? Qual era a diferença? Eu não fazia idéia eu só queria que auqela dor passasse, eu só queria voltar para o quarto como elas; Mais uma noite, eu estava tão quieta para não atrapalhar ninguém que acho que fiu esquecida, me deixaram lá mais uma noite, mas antes de amanhecer, eu já não tinha mais forças para andar, fiquei deitada na cama, estva cansada e tonta, eu só queria dormir mas a dor não deixava, na verdade já nem doia tanto, ou eu me costumei com ela? Terça feira, 10 da manhã, Dra. Denise, obstetra particular e também cliente da loja, foi até o quarto ver uma paciente dela, eu a vi e gritei: doutora, pode me ver? Estou com dor desde domingo e agora está sangrando um pouco; ela olhou entre as minhas pernas e disse: a cabeça do bebê está aqui, você precisa ir agora para a sala de parto, ela se foi e chegou a enfermeira: você consegue andar? Com as pernas abertas eu andei, entrei na sala especial onde tinha apenas uma cama de ferro, lugar para as pernas, uma mesa cheia de material médico, uma lixeira e uma imagem de uma santa, não sei quem era, cabelos longos e manto azul, eu deitada tinha a visão apenas para ela, uma médica chegou, pediu para eu fazer força, senti que iria me cagar, mas desta vez não tinha volta, eu não iria sair dali sem equela dor parar, foi então que eu senti o melhor sentimento que eu já senti em toda a minha vida, quando fiz força e ela nasceu, toda aquela dor que por dias só fazia aumentar, como mágica, desapareceu e no seu lugar, senti uma enchurrada de prazer sabe se Deus lá de onde, quando tomei algumas anestesias para outras cirurgias tem um sentimento parecido mas nem se compara em poder, maconha, orgasmo, ganhar muito dinheiro, poder comprar o que quiser, ver o fenômeno mais lindo da natureza, o Nirvana, tudo isso eu já experimentei e são momentos deliciosos e inesquecíveis da vida que faz por um momento pensar que isso aqui vale a pena, mas nada se compara com o que foi quando aquela dor passou e veio para os meus braços, a Sabrina, o meu Sol, eu chorei, à beijei, e à levaram, voltei para a minha cama, finalmente vieram me visitar, ainda deitada, recebi a Sabrina com o seguinte recado: coloca ela no peito, meu peito? Eu não tenho nada no peito, tá sem leite, ela tão pouco sabia o que fazer com aquilo na cara dela, as visitas vierame foram, eu deitada fiquei e dormi, Sabrina deve ter ouvido as historias porque assim como eu, não fez um barulho, passamos a noite em silêncio, pegaram a Sabrina e eu tirei a fralda que estava pesada de tanto sangue e coloquei em seu lugar o lençól que me cobria, eu não comia, não tomei banho e nem quis ir ao banheiro, sangrando e já sem visão de tão fraca e tonta, era plantão da infermeira Deja, irmã da Terezinha minha amiga de trabalho, ela me viu e se assustou quando eu disse que tive bebê na terça feira, já tomou banho? Eu não consigo levantar sozinha respondi, e com a ajuda dela, me sentei em uma cadeira e embaixo do chuveiro me toquei pela primeira vez após o parto, e senti depois de limpar todo o sangue coagulado, na minha parte íntima uma coisa dura logo na entrada, Deja, está saindo, ela pergunta: você consegue tirar? Sim. E tirei um rolo inteiro de gaze preto do tamanho de um punho fechado e senti o meu ouvido desemtupindo, eu ouvia um zumbido estranho e desapareceu imediatamente, um alivio, e começou a cair por entre as minhas pernas pedaços de fígado de boi, 22 anos, totalmente ignorante das coisas da vida, completamente assustada e aquela mulher para mim, era como aquela santa, era tudo o que eu tinha para me salvar a vida, e ela o fez. Voltei para a mesma sala de antes, Deja seurando as minhas mãos, não me largou nem um segundo desde então, eu vi a pena e o medo em seu rosto, mas eu não tive medo, eu tinha as duas ali comigo, e estva na sala especial, eu sabia que tudo daria certo, eu não sabia o que tinha acontecido mas sabia que não fazia parte do ritual de dar a luz, e ali deitada segurando as mãos de Deja, eu vi chagar na sala 5 médicos, me senti importante, era tão legal estar na presença de um doutor, imagina 5, e ouvi eles falarem sobre mim: a barriga está muito inchada ela já está com infecção e perdeu sangue por dois dias, ela precisa de uma raspagem mas a local não vai pegar e a geral ela pode não voltar, teremos que fazer sem anestesia, Deja olhou para mim e disse: Vai doer e muito mas eu vou ficar aqui com você e vai dar tudo certo, pode apertar a minha mão, eu apertei, mesmo, no início eu pensei: que dor de parto o que, isso aqui é que é dor, mas depois acho que minha alma dava umas voltas e voltava, e graças à Deus por isso. Acabou, anemia, tratamento, fiquei boa, minha irmã foi me buscar, saímos do hospital e fomos para a casa dos meus pais para a minha mãe me ensinar e me ajudar, amamentei, tive muito leite, minha mãe me ensinou a cuidar dela como minha avó a ensinou, como na década de 30 provavelmente,   com direito a todo o tipo de simpatia e crendices da época, pobre menina, mas durou pouco tempo, 3 meses depois eles resolveram se mudar para o Rio de Janeiro, e que se vire eu e descubra como cuidar de uma criança, o que ela me ensinava era arcaico mas era alguma coisa, sem ela foi bem pior, mas nem tudo é só ruim ou só bom não é mesmo?agora a minha filha não teria que ser mais fumante de segundo grau, ilusão para a felicidade.

Depois que ela nasceu, eu me esqueci de tudo de ruim que aconteceu comigo. Eu me concentrei nela e eu vivia para ela, fiquei obcecada e não passava um segundo do meu dia em que ela não era prioridade em minha mente e vida, até ela completar 12 anos ela não saia nem por um momento do alcance dos meus olhos. Essa obstinação foi pesado para ela e tenho certeza de que terá que fazer terapia pelos meus excessos, mas teve o bônus que foi essa dedicação que fez possível mudar a direção do destino dela.

Final de semana, ela tinha um ano de idade e eu estava em meu casebre lavando as roupas da semana e no tanque de pedra esfregando a calça jeans do pai dela suja de graxa da oficina mecânica em que ele trabalhava com sabão em barra azul e escova amarela e dura, ela estava engatinhando ao meu lado no chão de azulejo colorido e descascado, para trazer um pouco de alegria o rádio tocava e em um certo momento aquela cena congelou e tocou a música dos Titãs – Marvin "Marvin, a vida é pra valer Eu fiz o meu melhor E o seu destino eu sei de cor", a música sempre teve uma grande influência na minha vida, vocês verão mais adiante como eu ouço os meus amigos espirituais, anjos, Exus, protetores,entidades, Deus, seja como queiram chamar, eles se comunicam comigo através da música e eu os ouço e sinto, assim que minha mente parou naquela cena com a minha filha no chão me olhando e aquele trecho daquela música, eu a imaginei ali, naquela mesma cidade, casada aos 19 anos e com filho esfregando roupa no tanque, mas quando grávida, lembrei que á ofereci á Deus para que ele fizesse dela seu instrumento para algo muito grande e maravilhoso para ajudar muita gente sofrida nessa terra, não, essa menina não seria mais uma geração pobre da nossa família, eu já sabia que o preço que eu pagaria seria alto e que provavelmente eu me destruiria no processo mas eu mudaria essa roda de pobreza, miséria, estupros, abusos por sermos pobres, dores e sofrimentos que apenas miseráveis conhecem que vinha da nossa familia por gerações, minha filha não conheceria essa dor, e as minhas próximas gerações também não e foi o que eu fiz a partir daquele dia.

Fui até o orelhão e liguei para a minha mãe á cobrar porque dinheiro para a ligação eu não tinha, e disse que eu queria ir para o Rio de Janeiro tentar melhorar de vida, ela me ofereceu um cômodo na casa da minha avó para eu morar e meu pai veio com o caminhão dele buscar a minha mudança em Minas Gerais, Emanuel e eu conseguimos logo trabalho e estávamos construindo nossa vida, indo a igreja e fazendo planos para o futuro, um ano se passou e eu estava no mesmo lugar, trabalhando em uma padaria, sendo humilhada diariamente mas buscando sempre oportunidades de melhorar mas não via o mesmo empenho nele, ele não compartilhava da mesma visão que eu, tudo bem, só que a maneira que eu fiz é que não foi muito legal, eu sai da padaria e arrumei um emprego melhor em uma fábrica, eu era secretária e trabalhava agora de meia fina e sapato de salto, mas alguém da padaria eu trouxe comigo, um homem bem mais velho e nada atraente porém assessor de um político importante na época, casado mas era conhecido e respeitado no bairro onde eu morava e ia todos os dias na padaria me dar cantadas, eu resistia mas gostava, ele passou a me seguir no ponto de ônibus e daí comecei a aceitar carona dele para o trabalho, ele primeiro me deu um celular para pode falar comigo, meu primeiro celular, e me dava presentes e dinheiro, e comecei a ter um amante e a me afastar do meu marido, ele descobriu e foi embora, o amante que jurava se casar comigo também se foi, eu me peguei um dia na rua da casa dele olhando, revoltada até a minha ficha cair e eu dizer para mim mesma, acorda, levanta a cabeça e recomece. E foi o que eu fiz.

Sozinha com a minha filha naquele cômodo o meu trabalho só não dava para nos sustentar, a fábrica do meu pai agora funcionava nos fundos da casa da minha avó, onde eu morava, eu via minha mãe todos os dias e um dia após o trabalho peguei a minha filha na casa da vizinha que cobrava a metade do meu salário para olhar ela e em casa eu não tinha mais arroz e pela segunda vez pedi a minha mãe 5 reais emprestado para comprar arroz para comer e dar para a minha filha e desta vez como eu já tinha pedido uma vez minha mãe disse que não sustentaria filha marmanja com neta que eu tinha que me virar e dar o meu jeito e não me deu o dinheiro. Eu consegui rapidamente mais 2 empregos, um no final de semana como controladora de van e outro á noite na lanchonete perto de casa, mas quanto mais eu trabalhava mais eu tinha que pagar para ficarem com a minha filha e peguei emprestado o jornal do meu tio que morava na parte da frente da casa da minha avó os classificados para buscar alguma coisa quem sabe alguma luz, e ela veio, não sei se para o bem ou para o mal mas foi nesses classificados que tudo mudou, estava escrito: precisasse de acompanhante de luxo para executivos, salário 4 mil reais, local: Jacarepaguá, eu nunca tinha saído do meu bairro, Campo Grande, vim do interior do triângulo mineiro pra lá e de lá não saí, mas isso era o que eu ganhava em 6 meses de trabalho e eu poderia me tornar uma pessoa de luxo, quando me vesti de terno, meia fina e salto para trabalhar na fábrica eu fiquei muito fina e elegante, e assim fui até a parte da frente da casa falar com a minha tia porque eu precisava chegar em Jacarepaguá e precisava de ajuda, ela me disse os números dos ônibus ou os horários dos trens de ida e volta, eu coloquei o meu terninho do trabalho e confiante fui ao endereço indicado, me deparei com um muro alto e um grande portão de ferro, bati e um homem atendeu a porta e me levou para os fundos onde em uma sala atrás de uma mesa estava uma mulher jovem muito bonita com os cabelos soltos cacheados e volumosos e muito simpática veio logo me explicando do que se tratava, era uma termas, os homens iriam lá e escolhiam as mulheres e você fazia sexo com eles em um dos quartos ali do local, eu usaria um uniforme deles que era como um pequeno vestido com a logo do local muito feio por sinal, haviam meninas que conseguia até 10 mil em um mês e eu só pensava naquele cheiro que era uma mistura de produto de limpeza, comida e perfume que impregnava o ambiente e perguntei: eu tenho estrias na barriga da minha gravidez, vocês me aceitam assim? Ela me pediu para ver e sem cerimônia mostrei as marcas da minha gestação, e ela me deixou tão segura e aliviada quando não se importou nem um pouco com elas e disse que eu era linda e perfeita para o trabalho, me despedi e disse que iria pensar, e pensei mas cheguei a conclusão de que eu não conseguiria me deitar com homens desconhecidos e de todo e qualquer tipo físico, apesar de que a dona bonita lá me disse que eu poderia escolher com quem queria ir ou não, eu tive medo e continuei a minha vida e em uma bela tarde, após umas duas semanas desta minha aventura, eu me lembro, no horário do almoço, estava um dia ensolarado na cidade do Rio de Janeiro e eu tinha 15 centavos em casa e fui até o sacolão comprar 1 ovo, na ida eu estava alegre e esperançosa em poder fritar e dar este ovo para minha filha e com ela fui feliz buscar, mas no caixa na hora de pedir e pagar e ver a moça embrulhar aquele 1 ovo e com uma mão eu cruzei aqueles 3 quarteirões segurando as mãos da minha filha em uma e aquele um ovo na outra e aquele caminho passou tão rápido mas ao mesmo tempo eu pude elaborar toda uma personalidade e plano na minha cabeça para que aquela cena não se repetisse e foi o que eu fiz, ao chegar em casa fui ter com a minha prima que foi com quem eu me abri e disse do que se tratava e quais eram os meus planos dali para frente, e que eu seria julgada mas que precisaria do apoio dela com relação ao cuidar da minha filha pois os horários eram de 2 da tarde até meia noite, eu chegaria em casa por volta das duas da manhã, eu pegava a minha filha na casa da minha prima no outro dia bem cedo e ficava com ela até ela ir para a escola, eu ficava pouco com ela e isso me incomodava foi onde aprendi que os homens lá na zona gostavam de ter uma amante fixa, eles bancavam a mulher e elas ficariam só com eles, então em dois meses de trabalho eu arrumava sempre alguém que me queria fora daquele lugar e só para ele, e eu teria o dia todo com a minha filha, eu aceitava e eles me davam dinheiro e tudo corria bem nos primeiros 3 meses e a partir daí a generosidade começava a cair ou a intimidade a aumentar, ou quem sabe um pouco dos dois, só sei que com o tempo dava ruim e eu voltava a trabalhar até conseguir o próximo homem apaixonado.

No primeiro dia de trabalho,
Eu me olhei no espelho e depois de ensaiar algumas falas,
Eu já não era mais eu,
E assim fiquei,

Me encontrando apenas por breve períodos,
Até que eu não mais me encontrei,
E me vi obrigada e destruir todas e criar uma nova.

Já no primeiro dia parecia que eu tinha nascido para aquilo, a sensualidade e a facilidade e o prazer que eu tinha em manipular os homens para o meu benefício, tudo o que eu acreditava e tinha aprendido na igreja a vida inteira foi totalmente esquecido, e todo um novo plano de carreira se iniciava em minha mente, em pouquissimo tempo eu me mudei com a minha filha do quartinho dos fundos da casa da minha avó e aluguei um apartamento só para nós duas, comprei um carro e ela teve desde então o que havia do bom e do melhor como dizem por aí, tudo o que ela via, queria e me pedia, eu dava. Muitas viagens e eu tivinha muito tempo com ela porque sempre foi uma prioridade e assim fomos vivendo, comemorando a vida como uma grande festa, apenas ela e eu, os homens eram enganados sim e ficavam apaixonados mas todos sempre com os pés no chão, teve apenas um que eu quero pedir perdão, minha filha tinha 4 anos e eu acreditava que ele era apenas mais um que me repetiu a frase: Eu te amo e eu não quero você trabalhando aqui e eu cuido de você e vou largar a minha esposa e vou ficar com você, faz parte do jogo da conquista esse final dramático e feliz mas que nenhum deles, e eu sabia que não chegaríamos a tanto, mas esse parece que estava sendo sincero, e sofreu, cometeu um grande erro usando um sentimento tão puro em um lugar tão imundo, como ele pôde cometer esse engano? Me perdoe.

Caderno de pergunta e respostas, esse era o nome da brincadeira que consistia em ter um pequeno caderno com números em sequencia um embaixo do outro com todo o tipo de pergunta acima, mas a primeira era qual o seu nome, e esse seria o seu número para todas as respostas das outras perguntas nas próximas páginas, se você não quisesse se comprometer com as suas respostas era permitido assinar nome fictício ou não assinar um nome, e as perguntas eram tipo: cantor, música favorita, gosta de homem, mulher ou os dois, você é feliz? Essa me pegou quando dei o caderno para a minha mãe que aceitou entrar na brincadeira e respondeu um seco não, aquelas 3 letras ainda posso ver em minha frente como se fosse agora, tão viva, tão sofrida, e eu não perguntei nada mas já sabia de tudo, eu via tudo e sentia tudo, eu sabia.

Também foi a primeira vez que claro, copiando as perguntas do caderno de uma amiga para fazer o meu, que me deparei com o tema: você é contra o aborto? Minha mãe respondeu no caderno que não e se explicou: se for para sofrer, melhor nem nascer, e eu tinha que responder a essa pergunta em meu caderno e pensei que realmente minha mãe tinha razão mas por mais que eu tentasse a partir daquele dia encontrar uma justificativa para concordar com ela eu não consegui nem por um segundo e nem por nenhum motivo deixar de ver como crime, assassinato, covardia, injustiça, desrespeito e cármico que só tende a piorar na hora do acerto de contas, mas também penso que a mulher tem o direito de decidir com o que faz com o próprio corpo e merece fazê-lo em segurança, então aos 12 anos eu respondi igual a minha mãe no meu caderno de pergunta e resposta, já na adolescência assisti um vídeo na escola de uma ultrassonografia de um feto sendo abortado e quando uma serra entrou em contato cortando a sua mão, ele a recolheu, em um galpão da escola pública de uma cidade do

interior de Minas Gerais em uma campanha provavelmente eles exibiram esse vídeo para a escola na parede branca mal pintada, me senti profundamente triste e tocada por aquele momento e agora escrevendo até consigo sentir o cheiro de terra e ferro daquele galpão empoeirado e escuro e os adolescentes sentados no chão com o olhar fixado naquela cena e palestra que falamos sobre ela por dias e ela me fez mudar a minha resposta, hoje eu sou sim contra o aborto e não acho que deve ser legalizado, disse a minha filha e sobrinhas que se estiverem pensando em fazer me procurem antes, eu ajudo a cuidar ou adoto, acredito que toda a família do pai e da mãe do bebê também são responsáveis pela decisão de cuidar ou o peso de matar esse ser humano e aos 33 anos foi ainda pensando assim que sofri um aborto espontâneo, estava grávida de 4 meses de um menino do pai dos gêmeos e senti uma terrível dor no estômago e a médica me receitou bromoprida e me deu uma reação extrapiramidal e o que parecia um ataque de pânico 2.0 fui para o hospital que me deram um calmante, voltei para casa e no dia seguinte por coincidência estava marcada a ultra-sonografia e quando quiz saber se estava tudo bem a médica foi rude e logo vi a preocupação no rosto dela, ela passeava por toda a minha barriga mas não encontrava o batimento cardíaco do bebê, minha médica agendou o aborto mas não antes de eu passar pelo a mesma dor 4 vezes para ter certeza de que o coração não estaria batendo e não bateu mais mesmo e em uma boa maternidade no Rio de Janeiro coberta pelo o meu plano de saúde eu fui com a minha irmã tirar o feto morto de minha barriga, na sala de espera estavam outras mães com um barrigão e suas bolsas fofas para a chegada do seu bebê e eu que não combinava com a barriga murcha e ventre morto, e a alegria delas me incomodando, uma tortura até chegada a minha hora, não senti dor alguma, previlégio que o dinheiro traz, mas essa é uma outra história, só a dor da alma, quando o corpo não dói mais, podemos cuidar da alma não é mesmo? E foi o que eu fiz, mas antes eu tive que descer até o inferno, em casa olhando aquela pequena caixa com poucas roupas eu me afundei dia após dia até esquecer que eu tinha a Sabrina que não tenho lembranças de como sobreviveu aqueles meses, em uma profunda depressão no quarto da frente que seria o dele eu me sentei na janela do sexto andar do prédio onde morávamos no Leblon e com os pés para fora olhando as folhas da árvore que ficava bem enfrente eu me sentia tão em segurança e que aquilo era o certo a ser feito que eu iria sentir aquela briza gostosa da noite e acordar sem dor em outro lugar, ainda sorrindo foi quando despertei com a voz da Sabrina: Mãe! Vinha do quarto dela que ficava ao lado, eu pensei em ir ajudá-la e depois voltar, não voltei porque ela sempre precisou de mim e eu tinha que estar aqui para poder descer da janela e ajudá-la, me agarrei com os anjos da guarda, muita oração e foi quando conheci a frase do Chico Xavier -   Tu nasceste no lar que precisavas.

Patricia engravidou do seu amante casado, ela era uma mulher batalhadora e merecia ser feliz mas os dois decidiram tirar essa criança como nós duas éramos muito amigas e confidentes ela me pediu e eu dei a minha opinião e apesar de acreditar que ela estava fazendo mal para a vida dela, a vida era dela e eu como amiga deveria apoiá-la e foi o que eu fiz, na minha cabeça eu virei cúmplice dela nesse crime, eu estava lá naquele lugar horroroso com ela para matar seu bebê de 6 meses já, eu queria a minha amiga em segurança mas sei que devo pagar por isso em algum momento, foi a minha escolha e tudo bem, ela arcou com o risco das consequências de seus atos e deu tudo certo, será que deu mesmo?

Eu vejo o nascimento de uma criança como de responsabilidade de todos e não só da mãe porque é consequência e afeta por gerações todos os que cercam esse casal e a comunidade como um todo, é de uma estupidez tremenda esse jogo de empurra e empurra ou pior essa tentativa de justificar o injustificável, o destino desse ser humano que não foi planejado pode ser obscuro ou cheio de esperança se todos se reunirem e encontrar o melhor lugar para ela, a mulher só tem que ficar com a criança por alguns meses durante a gestação.

Que tal começar a investir em um destino digno para essas crianças não planejadas que se assim o são, não rara as vezes por falha no processo de qualidade de vida da população que é de responsabilidade pública, é mais fácil e mais barato eliminar as crianças que são apenas fetos, sem rosto e não podem ouvir o seu choro ou o seu cheiro, eu entendo, lembra? Eu ajudei a minha amiga e não foi tão difícil, só quando minha imaginação quer me derrubar, vamos lá coragem! Enfrente a vida de frente, de peito aberto, mate o seu feto que ja tem um coração batendo, uma alma e uma missão na terra para muitos, especialmente para você, porque ele tem uma doença e vai te dar muito trabalho, você não tem idade para isso, mate ele, você foi estuprada e vai lembrar do estuprador, mate ele e adicione mais essa lembrança, ele tem 2 anos e você tem 30 centavos para comprar 1 ovo para comer aquela semana e o pai sumiu, mate ele, se a criança te atrapalhar em qualquer fase da sua vida pode matar, muita gente faz isso, o tempo todo e o fazendo coloca a sua vida em risco, se der errado você vai para a cadeia ou morre em uma clínica clandestina, e se der certo você vive feliz, isso se a sua consciência permitir.

Recentemente foi a última vez que me vi falando sobre o tema, com 45 anos meu ciclo está muito desregulado o que é normal e 3 meses sem menstruar eu como tinha um teste antigo em casa resolvi usar, e grande foi o meu susto quando eu vi as duas linhas no exame, desci as escadas e contei para o meu nadorado/marido, moramos juntos mas não casamos, ele congelou e esse dia foi usado todinho para pensarmos no assunto e em como uma mulher arrisca a sua vida e a de toda a sua familia em uma gravidez de risco.

Sou contra o aborto! eu disse logo de cara para o meu namorado, mas que tipo de mãe eu seria se eu colocar no mundo uma criança que a probabilidade de ter alguma doença genética era muito grande e eu vir a morrer no parto também, e meus filhos acabar tendo que cuidar desse terceiro?

Com 35 anos eu tive os gemêos e sofri de pressão alta e diabetes, imagina agora, 10 anos mais tarde, e se vier gêmeos ? a família vai me criticar e ele tambem não quer ter esse filho, e vendo todo esse risco, eu me acorvadei e pensei em tirar, quero tirar em um lugar legal e seguro mas não tem, e não deve ter mesmo, eu devo me arriscar a vida, sofrer se quiser cometer esse crime e estar ciente e deixar todos ao meu redor, irmãos, filhos, primos e amigos que estou matando essa criança por medo e insegurança do que esperava o meu futuro sozinha com ela, se acaso eu tivesse apoio talvez escolhesse outro caminho, portanto eles também são responsáveis por essa escolha, porque se um filho meu ganhar na mega sena ou ficar milhionario no youtube, ou como happer de música, ou quem sabe um jogador futebol ou presidente dos Estados Unidos, até onde você acha que serão benificados por essa crianca? entào porque as resposabilidades de uma vida entrado em uma familia também nào é dividida igualmente, não pode tudo ser jogado apenas nas costas de uma mulher a criaçào e a educação dessa criança é de reposabilidade de todos da família, é o que eu acho.

Estou tão cansada.

Quero desistir.

Desistir de cuidar da casa, das pessoas, de mim.

Todos sobrevivem sem mim.

Se eu desistir,

Em pouco tempo ficarão com raiva e deisistirão de mim também.

Quero desistir de lutar para ser melhor, ser feliz.

Posso simplesmente sobreviver,

Existir.

Saudade

Saudade de andar.

Te vejo assim podendo levar o seu corpo tào livremente

Aonde a sua vontade manda.

Quero sentir o meu corpo flutusr sobre as minhas pernas novamente

Meu bumbum movimentando

E as pernas passando uma após a outra

O vento

Não Olhe

Me sinto prisioneira do meu próprio corpo

Inútil

Nào sou capaz de ajudar os meus filhos se precisarem

Mas tem data para acabar

Ruim é quando nào tem.

Quero ser mimada, não quero um casamento morno, marido mais ou menos, ele pode mais, nós merecemos mais, vejo pessoas juntas, exibem alegria e felicidade mas em casa, o silêncio, cada um em sua vida desejando e sonhando.

Nasci nua e sozinha

E assim partirei,

levarei comigo apenas lembranças,

Farei delas o melhor possível,

Não ficarei muito tempo em uma vida medíocre,

Quero amar e ser amada

Rir e fazer rir

Sentir saudade e me fazer saudosa

Quero ser leve, brincar

Ver a dor, sentir a dor mas mesmo assim se sentir em paz, feliz.

Uma semana naquele lugar, enquanto no som alto e repetitivo, luses coloridas e piscantes, eu dançando com um mini vesido de laycra vermelho e prata para me aquecer do ar condicionado congelante do lugar e também é claro me expor, ser vista, passeando entre os clientes famintos, escolhendo a carne que lhe apetece naquele dia, em plena quarta-feira, meio-dia, o cheiro de cigarro no ar era dominate e em pouco tempo aprendi a fumar para me entreter enquanto eu sufocava tudo que aprendi de bom e correto e me expunha para os olhos famintos.

Uma semana naquele lugar ouvi uma menina explicando para outras 3: Saímos daqui as 11 da noite e temos que pegar um trem para o centro da cidade, tem essa termas lá que paga melhor do que aqui e estou indo para uma entrevista e ele me disse que posso levar quem mais eu quiser, e eu também fui.

Trem à noite, eu não conhecia nada nem ninguém e poderia ter me dado muito mal, mas mais uma vez Deus me protegendo eu arrisquei e chegando lá eu entreguei a minha identidade e acertamos os detalhes., Eu teria que trabalhar de biquini, muitos modelos e tamanhos, brilhos e plumas e também os mais simples, eu tinha alguns deles, quem vendia era o gerente do lugar e era bom ter a simpatia dele, ele poderia fazer a sua vida lá um inferno ou molezinha, e eu preciso dizer que, ele me adorava! Eu estava sempre comprando umas coisinhas dele, mas é claro que ele pensava que ganhava comigo muito mais do que realmente estava porque ele vendia a mercadoria mas não era ele quem recebia dinheiro nem a devolução, então eu pegava com ele várias peças mas devolvia a maioria depois, entre outros truques para que ele gostasse de mim ao ponto de sempre me dar clientes e permitir que eu entrasse e saisse do clube quando eu bem queria, eu não seguia horário mas todas as outras sim. Eu andava pelos 4 andares daquele clube desde a sua abertura às 11 da manhã, até fecharem, à meia noite, eu queria fazer muito dinheiro, eu precisava comprar uma casa para a minha filha morar, sair dos fundos do quintal da casa da minha avó, mas primeiro eu comprei um carro, um gol branco, 1975, 1.8, álcool, e atràs orgulhosa e tinha dinheiro para pagar, mandei escrever no vidro atrás bem grande o nome da minha filha. Quando se consegue um dinheiro é a primeira coisa que se faz não é assim? Afinal de contas tudo que vou dizer agora não será novidade, uma pobretona começa a ganhar um dinheirinho, faz festa de aniversário exagerada para a sua filha de 4 anos, mandei fazer um balão de 60 metros com o nome dela em lanterna na cangalha, foi lindo mas sabemos que foi um pedido de desculpas, nada mais além disso, o meu exagero, foi um pedido de desculpas meu para a minha filha e foi um erro atrás do outro porque desde então tudo que era relacionado a Sabrina era exacerbado, exagerado, como um grito não sei se de dor ou de perdão mas um grito com certeza, espero que ela tenha me ouvido, compreendido, superado, e perdoado. Não será agora mais uma hora vai.

Aluguei um apartamento, só para nós duas, ainda no mesmo bairro, e por onde eu andava eu atraía interesses e olhares, eu não gastava o meu dinheiro com roupas caras e nada disso, minha poupança só aumentava e faltava pouco para eu comprar a nossa casa, mas fazia as unhas e cuidava dos cabelos e do copo, eu fiquei mais linda ainda, agora loira e esbanjando sensualidade, segura de mim porque era isso o que eu queria, experimentei todos os tipos de festas, com gente famosa da rede globo de televisão e tudo, um mundo de festas e só alegria, os homens que eu transava não eram velhos e feios e mal cheirosos, muito pelo o contrário, e por alguns coroas eu até me apaixonei, empresários e advogados com seus 40 plus anos, mais de uma vez, acredite ou não eu já chorei algumas vezes por clientes bem mais velhos do que eu por terem terminado comigo ou cancelado algum encontro, talvez por raiva? Carência de pai? Froyd certamente levaria para esse lado, não poderia ser amor por estar sendo tão bem tratada? Os rapazes da minha idade e convívio social, eram muito diferentes, nada amável ou aconchegante, e com eles era isso, aconchegante e confortável mesmo sendo paga para estar ali. Olha o meu pai aí novamente.

No finalzinho desse mesmo ano, em um dia comum de trabalho na termas do centro, segurando o meu lenço(precisamos para nos sentar de biquini e poteger nossa pele com o contato com o sofá) eu estava a passear pelo o salão e logo assim que como sempre eu fazia antes de abrir aquela porta enorme com estofado de modelo almofadado e de couro na cor preto, com botão da mesma cor, fechava os meus olhos e respirava fundo, fazia uma oração e me transformava na Jadi, menos de quatro horas eu estava com a minha filha de 3 anos fazendo dezenhos infantis, vestida dentro do ônibus indo para aquele lugar dando boa tarde para senhoras e sorrindo para crianças como se nada, eu agora ali, toda perfumada e semi-nua ás duas da tarde no centro da cidade do Rio de Janeiro, e entrei e logo a esquerda ficava o bar que eu o vi, peitoral definido e roupão amarrado na cintura, queixo apontado para frente, sempre, e assim que ele se virou do bar com dois copos um em cada mão, e os nossos olhos se cruzaram quando o tempo parou, para ele, depois, eu vim á saber que ficou vidrado quando me viu, ele sentiu segundo ele: foi como se alguém pedisse para ele desenhar a mulher da vida dele seria um retrato meu, já eu pensava: esse tá no papo.

Keith, 15 anos mais velho do que eu, casado e pai de 4 filhos, pediu a melhor e mais cara suíte do bordel, era caro e ele pagou alta a conta por aquela noite, mas o valor do nosso dinheiro pelo o dele é de 5 por 1 e ele como médico em Houston não teria problema nenhum em pagar.

Alguns homens não querem pagar R$ 300,00 por uma hora com uma mulher, que receberia apenas uma parte desse dinheiro porque uma percentagem generosa fica na casa, mas eles buscam as mulheres para passar a noite com eles depois do trabalho, como uma hora extra, e nessa noite quando eu estava saindo ele me encontrou no corredor e me deu uma nota de 100 dólares que me deixou muito feliz, não foi o primeiro que fez isso mas não é sempre que acontece, e com o seu português ruim e o meu inglês pior ainda, nos encontramos em uma linguagem única que foi uma mistura dessas duas línguas,mas predominando um espanhol que não existe e extranhamente assim ele me convidou para o hotel onde ele estava para passar a noite e em uma van com outros 4 gringos falando e rindo rodamos por Copacabana e dormimos juntos, quando isso acontecia eu saía o mais cedo possível para evitar o sexo da manhã e eu queria ficar com a minha filha assim que ela acordasse e ás 7 da manhã eu já estava de banho tomado, limpa da cabeça aos pés para pegar os últimos minutos com ela na cama.

No próximo dia o motorista foi me buscar na saída do trabalho para me levar até ele, e conversando, ele me perguntou: quanto você ganha por ano? por ano? Eu em minha ignorância, aquela pergunta me soou tão estranha quanto um alien, por mês eu tiro aqui 5 mil, ele: 60 mil. Eu te dou esse dinheiro para você não trabalhar mais aqui, fica só comigo, seria como ganhar na mega sena, não que fosse a primeira vez, já fiz acordos como este antes, tenho que dizer que sempre tive muita sorte e proteção, eu acho que é a minha pomba gira, eu fiquei feliz mas desconfiada sem dinheiro na mão não tinha negócio, fui muito boba algumas vezes, mas na maioria das vezes, sinto como se esse fosse o meu dom de tão fácil que é para mim manipular as pessoas, fazer com que elas façam tudo como eu quero, mentir, enganar para eu conseguir o que eu quero, um objetivo, a casa, a vítima, um gringo apaixonado, eu não perdi tempo e investi com todas as minhas forças nesse relacionamento.

Passe essa semana comigo?

Eu tenho que ir trabalhar,

Mas você não trabalha mais lá, eu vou cuidar de você,

Ele me levou para o shopping e eu nunca vi tanta roupa cara, existem marcas italianas e francesas com nomes de homens normalmente, roberto cavalli, ferragamo, fendi e eu que pexinxava no calçadão de campo grande, imagina o meu impacto quando ele de mãos dadas comigo entrou em uma loja que cheirava à dinheiro, e eu que falava português pedia o que eu gostei, ele dizia o que ele gostava e me pedia para esperimentar e que ele queria ver em mim, roupas sexy,porém muito elegantes, nada vulgar, ele sentado na poltrona e eu, fazendo um desfile particular e assim juntos escolhíamos o meu novo guarda-roupa desde lingerie, sapatos e óculos de sol, a conta em cada loja não saía por menos de 20 mil, eu ficava assustada mas finjindo a total naturalidade do mundo quando o caixa comentava do cartão preto dele de metal que era muito pesado nunca tinham visto um cartão tão pesado, eu estava com ele há uma semana e ele queria que eu ouvisse aquilo e me pedia para pagar todas as contas, sempre, incrível como em pouco tempo eu me senti pertecente aquele mundo de só o melhor da nata do mundo do Rio de Janeiro, hotel e restaurantes, lugares de nomes e bem frequentados, e por isso que ele queria me vestir, para eu poder acompanhar ele nos lugares, que apesar de muito bem vestida e ser elegante, a nossa diferença de idade, não falar a mesma língua, ele ser gringo no Rio de Janeiro e eu Brasileira, não tenho o esteriótipo de puta e nem estava vestida mais como tal, porém dava-se a perceber também por eu ter 26 anos e ele apesar de novo já tinha os cabelos brancos, parecíamos sim um casal de programa e isso me incomodava, porém o dinheiro fala sempre mais alto e eu sempre fui muito bem tratada porque ele sempre fazia chover notas de cem dólares nas mãos de quem quer que nos atendesse, um prato servido, uma porta aberta, ele dizia: me gusta e dava uma nota de 100, eu sempre fui tratada ao lado dele como uma rainha não importava onde estivéssemos e esse sentimento foi incrível, inebriante e me fez apaixonar por ele ou pelo o poder que ele me dava, eu era alguém ao lado dele, quantas portas abertas, tudo isso eu estou vivendo sem nenhum medo, como se eu nascesse para aquilo e foi delicioso e minha saúde agradeceu, descobrir que vinho bom, não é doce.

Era um trabalho porque me foi oferecido assim, mas como não se apaixonar por um homem assim, e depois de uma semana que parece tirado do filme uma linda mulher? Mas ele estava indo embora, mas antes ele me deu cinco mil dólares e me disse para não mais trabalhar, para cuidar da minha filha, e que estaríamos juntos, namoraríamos á distância, email e skype, celular com o tempo foi facilitando, e ele me enviaria dinheiro, e nós nos encontramos algumas outras vezes no Rio, no Panamá, Mëxico, costa rica e outras ilhas e hotéis paradisíacos.

Ele me enviava dinheiro o sufiente para eu ficar em casa cuidando da minha filha, mas com 27 anos e a cabeça fudida eu saía para todo o tipo de buraco que me chamavam, cada rolê mais fudido que o outro, uma putaria louca, swing, trisome, mergulhos, namorados, festas, clube de mulheres, nunca curti drogas, nem maconha, fumava muito cigarro e cerveja, vida louca. Ele era casado, tinha 3 filhos e outras amantes que no decorrer do relacionmento eu fui descobrindo, mas eu não ligava, ele sempre me mandava o meu dinheiro, e a vida foi melhorando, eu comecei a conhecer restaurantes e comidas diferentes como sushi, imagina para uma menina que comeu o seu primeiro hamburguer com 23 anos, e aos 27 eu colocava salmão cru na boca, foi muito difícil e engraçado em um espanhol portuguesado com pitadas de inglês, ele me educou e me tornou uma dama boa o suficiente para conhecer o Pablo, em uma boate já de classe média, sabrina tinha 6 anos, eu estava dançando com o rapaz que me levou ao clube, e abraçada ainda ã ele, aquele moreno, 1,90m, de olhos verdes e cabelos negros, que sorriso o que ele tem, nos olhamos e o resto é história.

Eu ainda morava no apartamento no bairro humilde de cosmos, Rio de Janeiro, Nick e eu iríamos nos ver em alguma ilha do caribe por aqueles dias, e o Pablo morava sozinho no apartamento da avó dele no Leblon, e nos encontramos e dormimos juntos em sua casa na terça-feira e ele dirigiu até a minha casa   depois do trabalho dele por 2 horas todos os dias depois disso, e 2 horas pela manhã para ir trabalhar, no final de semana, eu fiquei com ele na casa dele e fizemos uma tatuagem com os nossos nomes em nossos anti-braço, e no domingo sobre o som de "love by Grace" tocado no som máximo pela milézima vez, conversando, chegamos á conclusão do quanto seria difícil para nos vermos todos os dias na próxima semana uma vez que ele tinha que estar em Botafogo trabalhando e eu em Cosmos cuidando da minha filha, e decidimos morar juntos no Leblon. Ele sabia do Nick, não de como eu o conheci de verdade mas que éra ele quem me sustentava mas Pablo disse que ele poderia cuidar da Sabrina e de mim.

Seria muito melhor poder ter uma família e não ser mais amante de ningém e nem ter que viajar para encontrar com ele e ficar longe da minha fiha uma vez até por 15 dias.

Viajei pela última vez para encontrar com ele em república dominicana, e lá terminei com ele, acho que foi traumático porque não me lembro como foi, me lembro dele me esperando no Galeão, e no estacionamento dentro do carro enquanto eu contava para ele detalhes de quanto eu fui honesta e não deixei ele me tocar e que eu fui para Europa para resolver esses negócios que eu tinha com ele em meu nome e que eu não queria nada mais disso, explicando tudo nos mínimos detalhes repetindo pacientemente cada mentira ensaiada que ele queria ouvir para assim manter um relacionamento dos sonhos que eu nunca havia podido ter e que agora melhorada por um homem eu podia, e ao mesmo tempo já matando aos poucos um amor que mal nasceu com esse veneno da manipulação e da mentira, e no final sobre muita emoção, beijos e lágrimas, ouvindo no rádio do carro "Por Enquanto – Cassia Eller", voltamos para casa e nos amamos por um anos, compramos um labrador beije claro tão lindo, sabrina estava em uma escola particular boa e fazia o seu ballet enquanto eu cuidava da casa e passeava pelo leblon, pouco tempo depois decidimos vender e comprar um maior na Tijuca, uma cobertura, que delícia, eu jogava vôlei que eu amava, era amada por um belo homem por dentro e por fora, responsável, minha filha e ele se amavam, vida mediana e eu insatisfeita sempre, muitas brigas e separações, também muito amor e dedicação, como a vida de um bipolar tem que ser, mas até então eu era apenas uma barraqueira mal educada acreditávamos, ele me educou e me ensinou muito mas à que custo? Sabrina coitada, acho que foi a que mais sofreu sempre mas ele foi apenas mais uma vítima que eu tenho que agradecer que foi graças à ele e à sua ajuda que estou e sou quem sou e por isso lhe sou muito grata e peço perdão por todo mal que te fiz enquanto doente, espero que me perdoe algum dia, por você.

Na Tijuca em um shoping eu estava trabalhando em uma joalheria onde um dia dentro do cofre da loja estudando as pedras, eu novata recebia cheia de intruções e cuidado um anel de brilhante 6 karat, onde eu disse que eu tinha um de 9 e recebi sorriso de deboche e a frase: e ta fazendo o que trabalhando aqui? Ninguém acreditou em mim e todos sorrimos inclusive eu, como se fosse apenas mais uma das minhas mentirinhas de brincadeira para descontrrair porque sou muito brincalhona.

Depois disso eu me lembro pegando um telefone velho e ligando ele e deixei na loja, eu tinha anotado nas agendas antigas o número de telefone do Nick e no banheiro do shopping eu telefonei e do outro lado ele atendeu segundo ele como um milagre, ele esperava por mim e em poucos dias ele estava no Rio de Janeiro e o resto, é história.

Em menos de um mês eu estava com a minha filha em um apart hotel em Ipanema, já estava vivendo novamente a vida de luxo, compras, hotéis, restaurantes caros, e muita putaria, amantes e muito álcool e sexo, dos dois lados e isso ficou por um pouco mais de um ano até que ele me convenseu em me mudar para os Estados Unidos, a sabrina tinha 9 anos e lá fomos nós uma vez em Manhumirim direto para Miami, Fl, uma casa de aluguel no valor de 15 mil dólares mensais, piso de mármore e elevador dentro de casa, uma piscina enorme e ao lado o piso era de corais poroso, e ao fundo o lago do golf club do condomínio chamdo Deering Bay, exclusivo onde que para nós participarmos pagamos 250 mil por ano mais a mensalidade e as despesas, sabrina pegava doces e roupas o tempo todo na loja, restaurante e piscina do clube, pagávamos mensalmente ao clube sempre algo em torno de 10 mil, tinha crocodilos no meu quintal portanto minha piscina e a casa começava já no segundo andar, a casa já imobiliada e continha tambem roupas de cama, banho, cozinha, tudo eu cheguei com minha filha e morei naquela mansão.

Nick ficou com a gente no princípio alguns dias até chegar o carro, um Alpina B7 preto que ele me perguntou qual carro que eu queria e eu sempre gostei de range rover disse qualquer um menos sedan, me senti humilhada e que ele fazia de propósito e que isso me doia onde deveria e eu me ofendia porque merecia, e brigava e o carro lindo? Não aproveitava. Nunca aproveitei. Nem por um minuto fui feliz ali. Me lembro das inúmeras traições ocorridas ali, e das dores porque não veio do amor, culpa só minha? Impossível. Ele não pode ser inocente, se ele estava dentro deste cesto comigo foi porque estávamos na mesma vibração, buscando as mesmas coisas, nos alimentando do mesmo churume. Feliz que hoje estamos juntos saindo desse lugar, muito feliz em ver isso.

Ele não me via ou ouvia, ele me usava quando ele precisava, e eu me arrastando, sobrevivendo, preenchendo os meus vazios com qualquer pedaço de carne que eu encontrava pelo caminho.

Em 2011 eu engravidei e perdi, voltei ao Brasil e fiquei lá um ano, voltei para Miami e aqui estou até hoje passei por outros estados mas não voltei mais ao Brasil, apenas para visitar todos os anos e em 2013 engravidei novamente dos meus filhos gêmeos e que acredito que foi o de 2011 que voltou atrasado, uma vez que não teria nenhum motivo aparente para eu ter gêmeos, mas aqui eles estão e o pai decidiu se mudar para uma casa maior porque quando os filhos do primeiro casamento vierem visitar ele quer todos em casa e quer cada um com o seu quarto, então naquele ano eu mobiliei uma casa de 7 quartos, cada detalhe e um mais lindo do que o outro, gastei 2 milhoès de dólares no meu cartão de crédito no ano de 2013. Você deve estar com a mesma cara das meninas dentro do cofre da joalheria agora, queria estar vendo. Não é brincadeirinha para descontrair, esse homem ficou tão rico que a escola da Sabrina custava 5 mil dólares por mês, viajávamos de avião particular e eu tinha segurança para carregar as minhas compras, jantei com pessoas famosas e muito ricas dos Estados Unidos.

Em pouco tempo eu estava bem acomodada com o luxo, o cartão preto sem limites da Américan Express me garantiu isso, alugamos um apartamento no Leblon no valor de 11 mil reais, éra tanto dinheiro que eu nunca fui tão bonita na vida, parecia modelo de tv, me dedicava sempre muito ã ele e ele cuidava de mim, ele fazia questão de que o meu corpo tivesse o máximo de números de músculos e o mínimo de gordura e fazia questão de deixar isso bem claro enúmeras vezes me obrigando á ir para a academia com ele, dietas etc... eu chorava, brigava mas sempre cedia, muito fit e bonita, nós nos víamos sempre que dava e nos falávamos diáriamente.

Em meio à toda essa riqueza, eu me via ao mesmo tempo tão infeliz, vazia e não conseguia por mais que tentasse, aproveitar e curtir tudo de bom que a vida estava me dando e eu só reclamava e pedia, era sempre muito Grata por sempre ter olhado de onde eu vim e ter olhado para o próximo e ajudado financeiranceiramente muitas pessoas sempre que me foi mandado, por isso que eu ainda tive alguns presentes de Deus como os Gêmeos, Damien e Sophia, que eu os tive para assegurar o dinheiro do pai, dinheiro esse que olha que surpresa, acabou um ano após o nascimento deles, mas mesmo assim, graças á isso eu posso ficar hoje em casa escrevendo para entreter vocês.

E justiça fica onde nisso? Eu fico pensando, onde estä o meu merecimento?

Sorte?

Fé?

Porque eu não era feliz?

"Hoje, nós tivemos uma manhã tão linda, como pode um amor, uma paz ser tão paupável, não sei a rasão mas raramente o Cris esta presente, acredito que para ele não seja o presente, ele tem muito ainda que aceitar nele para poder ver e apreciar o agora, para o universo, presenteà-lo como está fazendo comigo e por isso eu sou muito grata e sinto tanto por ele ainda não ser e torço para que seja em breve. Meus filhos e eu, nossa cozinha maravilhosa e nossa varanda, a grande janela com a vista para o lago brilhante com o sol já oponete da Flórida nesse mês de fevereiro, meus gêmeos com notas excelentes na escola, sem vícios e sem problemas, lindos e educados prontos para enfrentar o futuro, falamos e rimos enquanto pedimos por favor e com licença, os nossos 3 periquitos cantam soltos na varanda enquanto o nosso cachorro brinca pela casa, meu Deus quanta felicidade, obrigada por me permitir ter esse olhar e poder aproveitar esse presente."

"Nòs estamos nos separando. Porque? Acabou o amor, paramos de cuidar um do outro, casais brigam, e vínhamos nos acertando até que muito bem, nós dois combinamos em muitas coisas, é incrivel como ele foi feito para mim nesses momentos ... outros, eu quero que ele melhore, mas ele não se importa e insiste em ser quem ele é. E eu quero mais e quebro o pé e fico tão dependente e como era de se esperar, a frustração não deixou à desejar na minha expectativa com a realidade e me senti abandonada, já ele sobrecarregado e não bem agradecido, resolveu marcar a cirurgia que adiara por 6 anos no joelho bem enquanto eu fazia fisioterapia no pé, acredito que para saber se receberia o mesmo tratamento que me deu? Pois se foi, recebeu e não gostou, pois claro a minha percepção neste caso como em tantos outros, não era a mesma, e não nos cuidávamos mais, eu tinha que continuar a cuidar de mim e da casa e das crianças mas ele poderia e fez, cada vez mais se dar ao luxo de se afastar de tudo e de todos na casa e da casa dia após dia até que um dia, eu disse: nós deveríamos nos separar. E eu pude ouvir um suspiro silêncioso e imáginário de alívio na voz dele quando me respondeu: eu também. Ele me diz: eu ainda te amo ... não, você deixou de me amar quando deixou de se importar. Na nossa caminhada nos magoamos e em algum lugar você me odiou, eu fiz isso, eu sei, eu disse coisas horriveis para você, e fiz, pedi perdão, fizemos amor, mas você não me perdoou e criou uma defesa, está certo, você precisa se proteger, o mesmo faço eu e asim agora estamos, cada um cuidando de si e nada parecido como no início do nosso relacionamento, o que me fez querer morar e estar grudadinha com você o tempo todo, era o seu olhar, me acompanhava com um sorriso por onde eu iria pela casa e ultimamente nem sabia onde eu estava, essas diferenças não são você, não sou eu, nós somos atenção, carinho e amor e por isso precisamos estar em busca de alguém que não tenhamos machucado e prometer aprender com esse erro e não machucar para que o próximo amor também não se acabe assim."

Na terapia, ela me perguntou: o que você aprendeu com esse relacionamento? Que eu não gosto de homem, respondi sem exitar, eu sempre me assumi bisexual, sempre fui uma mulher muito á frente ao meu tempo e corajosa, desde criança com aquelas brincadeiras com as amigas, até no trabalho quando um cliente pedia um show de duas meninas eu desempenhava bem mais que só um papel, o corpo feminino sempre me atraiu e eu sempre assumi isso mas ... olha que legal, um detalhe que eu nunca havia pensado, eu nunca namorei uma mulher, eu nunca apresentei a familia e sociedade e isso me causa pânico só de pensar, mas ao mesmo tempo um sentimento de liberdade, felicidade, entrega e plenitude, doutora, eu não odeio os homens pelo o que eles me fizeram, eu só sou gay, por isso eu nunca fui feliz com eles. Sentimento de alívio.

Dias depois, o meu amigo veio me falar ao ouvido: você se apaixonou pelo o Alexandre, e ele se aproveitou de você, como uma menina pobre e sem amparo nenhum como você teria alguma chance com um homem maduro e esperto como aquele, esse foi o seu primeiro estupro e o que te causou todo esse mau. Ele te usou e se aproveitou e depois te abandonou, e você ainda está lá, presa naquele carro, precisa perdoar ele, eu o perdoei. Ele já se foi como vocês se lembram, mas eu o sinto, e o sinto tão necessário de perdão e de amor quanto eu, agora ele é feliz, porque somos amigos e nos ajudamos mutuamente. E assim é que tem que ser.

E eu seguirei, o Cris se foi, e seguiu, eu posso prendê-lo, eu quis prendê-lo, eu viajaria para vê-lo? Não. Saudade do seu beijo? Também não, mas o quero?

Sou mãe, tenho medo de ficar sozinha como única adulta responsável por 3 vidas 24 horas por 7 dias na semana o ano todo, sem pausa, isso me assustava, e me fazia querer manipulá-lo mostrando-me ser alguém que o tem por ele um sentimento irreal. Eu fiz isso minha vida inteira, mas assim estaria roubando dele preciosos momentos de tempo que eu não teria como devolver, eu não faria isso com uma pessoa que eu amo tanto e que apenas eu tenho que agradecer por tanto de si que me doou, eu, doente faria isso, porém hoje, medicada e com a terapia e a espiritualidade em dia, quero que ele seja feliz e eu vou me dedicar a terminar este livro. Tenho muito tempo. Na solidão.

A minha história é contada com trilha sonora e vocês sem perceber estarão ouvindo a plylist comigo enquanto estamos nos entendendo, e tenho que falar da dupla que como muitos outros eu acredito são usados com a espiritualidade para o bem e progresso da humanidade, assim como o contrário também é verdadeiro, infelizmente, mas cada vez menos Graças à Deus, e Sandy & Junior com suas músicas ao serem cantadas, entregue e em voz alta como se não houvesse mais ninguém no mundo ela me cura, alivia, embala. É um presente dos céus para nós e não usufruimos como deveríamos e nem com a frequencia devida. Fiz uma massagem em meu pé recentemente quebrado e ainda dolorido agora, ao som de "imortal" em plenos pulmões e ao mergulhar em um balde de gelo e eu o fiz sem tanto sofrimento como seria à "sangue frio" a música mudou as quimicas do meu corpo e eu entorpeci, consegue sentir esse poder agora? Usa essa energia ao seu favor. Sempre. porque como disse no início, infelizmente, por enquanto, curto tempo, o contrário ainda existe também.

O Ano é 2023 e as crizes de raiva, anciedade, mania e depressão estão controladas com os medicamentos (que são 4 diádios) terapia semanal com a psicologa e mensal com a psiquiatra, consulta com o profissional e início com a Canabis como SOS no lugar do Alprazolan para ataques em forma de gotas embaixo da língua.

Me senti chapada porque sou bem fraca para todo tipo de medicamneto, meu corpo sempre reagiu exageradamente á todos eles, fazendo um mergulho com uma galera certa vez "dei um pega" na maconha, e passei depois horas pedindo para ir ao hospital porque cismei que iria morrer, e essa gota sublingual da canabis tem 2% de THC, dito isso, quero primeiro que vocês saibam que eu estou sim sobre influência de maconha e outras drogas que os médicos me receitam para essa minha condição mental.

Dito isso, olhem que delicia o que está acontecendo comigo;

Nos fundos da minha casa tem uma varanda de 20 x 8 metros, cercada de tela de frente para um lago e muito verde, porém vazia, empoeirada e cheirando a mofo porque ali guardávamos as coisas molhadas da piscina e como a casa é alugada não vale á pena limpar.

Porém naquele dia eu havia errado na dose da maconha e pingado umas gotinhas á mais e como eu já estava aprendendo que a família vale qualquer sacrifício e eu peguei o pressure cleaner, que ë uma máquina de limpeza sobre a pressão de água muito comum de se ter em casa aqui pois custa uns 150 dólares uma nova na loja, e eu com o auxílio da minha tirei toda a poeira, limo e sujeira que pudesse restar naquela varanda, ela ficou limpa e cheirosa e começou a chover e escorrer pela a tela e eu coloquei tapetes, sofá, mantas almofadas, flores, perfumes, músicas de ambiente, velas, cristais e fazer algumas meditações e rezas, e a voz se fez tão mais clara como se fosse a minha própria voz falando dentro da minha cabeça, mas eu sei que não sou eu porque as idéias são tão bonitas e iluninadas que eu sei que ainda não sou eu.

E eu me transformei quando ouvi a voz tão clara me dizer pela primeira vez, eu digo tão clara porque ela sempre esteve comigo eu posso reconhecer, mas em meio á tantos outros ruídos que eu estava conectada, mas agora, ouvindo falar muito mais alto.

Sim, porque querer estar nessa frequência, é um direito seu, esse é o livre arbítrio, como quando você está ouvindo um rádio e está ouvindo aquela música nào pode reclamar se não ouve outra música, você se conectou com aquela frequencia.

Ele estava perto, eu o ouvia mas os outros eu ouvia mais porque estávamos mais próximos, mas pelas pequeninas mudanças que eu fiz em mim e em minha casa eu os ouvi, as duas vozes, de dois homens que eu sei como são mesmo sem vê –los, dizendo:

V1- Ela não pode lembrar.

V2 – Ela precisa lembrar.

Eu – Me lembrar de que ?

V2 – Você sabe.

V1- Ela não vai aguentar.

V2 – Confia, agora é a hora, ela está pronta.

Eu – O meu pai me estuprou ? repeti a pergunta em minha mente mais umas 10 vezes, não me lembro ao certo.

O meu pai me estuprou ! exclamei mais umas 10 até que afirmei, eles me abraçaram, me fizeram voltar lá no dia e na hora e tudo e toda a minha vida que aconteceu depois daquele dia fez sentido.

Quando eu estava em casa com 16 anos que ele me bateu e eu fiquei sem falar com ele, antes de eu ter sido seduzida e estuprada pelo o Alexandre mas com a mesma idade, foi meses antes.

Me lembrei da briga, ele me jogou na cama deles e subiu para me bater e depois de um tapa segurou as minhas duas mãos acima da minha cabeça e eu lembro do seu peso, do seu hálito e do seu cheiro e de mais nada.

Passei por processos: estou enlouquecendo, são as drogas, preciso ir para a igreja e muita meditação e pratica do bem e aprendizado sobre o sobrenatural e hoje, um ano depois estou modificada para muito melhor.

Estou terminando este livro que será o primeiro de muitos porque agora que a voz está tão próxima eu escreverei muito mais sobre eles e o sobrenatural, belezas que nos espera. Promessas de Deus para nós. Lindas histórias escreverei sobre o futuro.

E juntos vamos crescendo e nos desenvolvendo.

Ao me deitar, ouvindo o som da coruja, lembrei –me de meu pai. Um homem simples de chinelo de dedo e cigarro, cabelos brancos e bigode grosso, por mim, tinha carinho, tinha ternura. Sabe-se lá o que eu já não o fiz para ele em outra vida? Me senti tão salva naquele abraço, e ele veio, e me abraçou, e eu chorei e o senti e do fundo da alma dele, ele me perdoou e eu, claro também tive de o perdoar e nos abraçamos e ele se foi com os nossos amigos, feliz e eu fiquei aqui livre ainda mais feliz.

Incrível como tudo em minha vida dá certo, eu encontro sempre as melhores vagas de estacionamento, eu não me preoculpo com dinheiro, com os meus filhos, com a minha saúde, com nada porque eu sei que tudo ja aconteceu como eu estou vendo que aconteceu.

O que sente um pássaro ao acordar pela manhã?

E assim eu creio.

E assim será.

E o livro poderia acabar assim, mas isso tudo até aqui foi um grande sonho, uma grande ilusao.

Era tudo mentira.

Mas eu mereci, eu era a mentirosa, a quem manipulava, se dava bem às custas dos outros, não era assim? A justica Divina é muito sábia e justa, e eu sou muito grata por ter tido a oportunidade de vê-la se manifestar em minha vida.

Após eu quebrar o meu pé, eu tive que fazer duas cirugias, dois anos se passaram e eu ainda ando com dificuldade, usando muitos medicamentos para dor que as da alma agora eu tambem tinha a fisica, passei esse periodo mais fora do ar do que conectada, as dores eram enormes e se juntaram com o abandono de todos, amigos, familia, namorados, e até o pai dos gemeos sumia de vez e me deixava sem dinheiro para comprar comida em casa, ele pagava o aluguel sempre atrasado, ninguem da familia dele ou ele tinha qualquer contato com a familia, eram fantasmas nas redes sociais, todos eles, nenhum dos filhos ou ex mulher, ou a mãe namorava, viajava, iria para praia, restaurante, uma pessoa ser discreta tudo bem, mas toda uma familia? Esse tempo me permitiu refletir, os filhos grandes, quando param de fazer grunhidos aleatorios à cada meia hora te permite respirar, e poder olhar um pouco mais além da caverna, e foi exatamente o que eu fiz, já com o meu processo de evolucão espiritual bem definido pela a minha escolha de seguir o caminho Cigano, o jogo de Tarô, que foi a arte que me apaixonei, o brilho, a alegria e as cores ciganas me atraíram e foi amor á primeira vista, e isso me tornou mais conciente dos meus pensamentos e sentimentos e em maior controle dos meus atos, que imediatamente assim que comecei a dar ouvidos a minha VOZ, e confiar nela como a voz de Deus, que é como eu gosto de acreditar, e você também tem a sua voz, a que fala com você na sua cabeca, é o seu sexto-sentido, o espirito-santo, TAO, entidades, intuição, eu gosto de chamar de Deus, e eu á ouço e á obedeco, estando em harmonia, oração, e amor essa voz só vai lhe guiar e aconselhar sentimentos, pensamentos e ações para o bem de todos e para o desejo de Deus.

E eu recebi uma visita em casa, era a policia, alguém me denunciou como uma mãe ruim, e eles vieram ver como as crianças estavam vivendo, denúncia anônima, isso me entristeceu, todo esse tempo aqui, eu cuidando dessa casa enorme, sem dinheiro, sozinha, nem a minha filha apareceu, que mal agradecida, que eu me prostitui para dar uma vida melhor, me deixou na rua porque me expulsou de muletas e duas crianças de sua casa na California no dia mais importante de nossas vidas para proteger o meu escravatista, nem uma louça, ninguém que eu conheço apareceu para lavar, em todo esse tempo, mas tiveram tempo para reclamar. Entendeu? Ninguem tem que me ajudar não, as regras já estavam aqui quando eu cheguei, vou mudar elas do dia para a noite não, mas atrapalhar? Pensei: Tudo bem, eu batia nas crianças, tinha motivo e razão para faze-lo? Tinha, eu era doente e me deixaram sozinha cuidando de duas crianças com um narcisista que só porque tem título e dinheiro, comprou todos á minha volta e começou a brincar de Deus com a minha vida só porque ele tomou um chute na bunda que apesar de ser bem educado, ido para faculdade, conversar com outros homens igualmente muito inteligentes como ele, mas dentro deles, o que os consomem é saber que uma menina caipira e semi-analfabeta, conseguiu descobrir o que vocês fizeram com ela desde o primeiro dia que supostamente você me viu e se apaixonou?

Todo esse tempo, todos esses anos, quem sofreu? Eu te respondo que não foi eu.

Meus filhos estão sendo alimentados, e enquanto tiver ar em meus pulmões, nem você, e nem ninguém poderá me aprisionar porque a mente de uma artista é livre.

Me isolaram porque eu comecei a falar dos meus sentimentos, do que me machucava e que eu não permitiria mais que ninguém jamais me causaria mais dor.

Não sem eu gritar, e gritando, o que fazem? O que sempre fizeram com mulheres que fazem barulho? Que falam? Se expressam? Vivem a sua arte, arte? Que nada, ela é uma bruxa, coloquem-na na fogueira! Não sempre foi assim? O importante é faze-la calar. E se as outras ouvem, e descidem querer falar tambem? Sim, talvez vocês tenham razao, talvez eu seja mesmo uma bruxa.

Eu prefiro dizer que sou uma profetiza.

Uma escolhida por Deus, como Daniel da Biblia por exemplo, também tenho uma missão e a voz e os anjos, me mostraram exatamente qual é essa missão, que com a ajuda de Deus e dos meus ciganos lindos, eu irei servi-lo até o final dos meus dias, para que se cumpra a vontade do pai contra esse mal que precisa sumir da terra.

Gosto de escrever e tenho muitos escritos e frases que me emocionam ao eu ler, e tenho certeza que em algum momento algumas delas também vai te tocar, são frases das dificuldades e dos sentimentos, resentimentos e carências de uma mãe sonhadora que conseguiu sair do mundo dos sonhos e está aqui e agora, na realidade, conectada com o meu eu, com o Deus que habita em mim.

Quando me prenderam em casa pelo o medo, se esqueceram que podem aprisionar o seu corpo, mas quanto mais se prende um corpo, maior liberdade você dà para a alma, para a mente e o pensamento, e foi o que eu fiz, com a toda a tortura emocional e psicológica que o doente do meu ex marido me colocou e o que piorou muito quando o governo decidiu ajudar, me obrigando, com mais medo, manipulação e traumas que eu não consigo nem nomear aqui.

A pressão e a manipulacao do meu ex de proteger o seu dinheiro de mim, e o governo querendo o pedacinho deles, fiquei eu no meio dessa guerra nojenta, tentando apenas me divorciar de um homem que apesar de precisar de ajuda, eu lhe sou muito grata pois estou onde estou e sou o que sou graças à ele, aprendi que com Deus, não existe ruim, tudo que acontece comigop, mesmo que me cause dor, é e será para o mau bem, crescimento e bem maior de todos e vontade do pai e por isso devo agradecer e respeitar, e é o que eu faço.

Quase enlouquecendo de verdade, um dia eu tenho certeza que mudaram a minha medicação e eu comecei a alucinar aqui sozinha em casa com essas criancas., agora vejam só vocês que loucura? Que perigo uma mulher sozinha começar à alucinar em casa com duas crianças? Ao invés de estarem tentando provar que eu sou doida e que eu não tenho condições de cuidar dos meus filhos, porque é que eles não me enviam ajuda que é o que na verdade eu precisava ? É o que uma mãe sozinha precisa, de ajuda.

Em Minas Gerais faz muito frio no inverno e por volta de 1995, mês de maio quando a temperatura batia negativa, eu era uma adolecente que tinha que acordar na roça com porcos e galinhas na fumaça do Graças à Deus já aceso por minha mãe ás 5 da manhã o fogão à lenha e o cigarro feito de fumo enrrolado na palha do milho colhido ali mesmo e que muitas vezes com o afiado canivete, ela me pedia para preparar, eu tomava o café preto e ás vezes com sorte, broa de milho ou pão, e partia para a minha longa e silênciosa diária caminhada até a minha escola na cidade mais próxima que ficava mais ou menos 5 kilômetros de ditância da minha casa na roça e no inverno, eu ainda tinha que lutar contra o frio.

Éra porque nos mudamos do Rio de Janeiro e não estávamos preparados para aquele frio todo, meus pais não pensaram nisso na época e imaginam, se nós já éramos pobres e eu não tinha roupa no Rio de Janeiro, imagina o que me aconteceu lá? No meio do mato? Exato! A minha mãe só a consciência dela precisa saber porque ela só pensava no filho morto, e o meu pai, bem, homem, não preciso dizer mais nada, eu fui esquecida, e sem dinheiro para roupas eu senti muito frio, e eu me lembro caminhando com uma blusa de flanela apenas porque éra tudo o que eu tinha,e á cada pancada do vento, éra como se fosse algo fino, como um cristal quebrado cortando a minha carne. Por todos os lados, gelado e cortante,nariz, orelhas, cabeça, dedos,pés, ombros, pescoço o bumbum. Tudo doía tanto que eu me cansei de andar encolhida e tentar me aquecer e desenvolvi uma técnica: enrrigesser a minha carne, os meus músculos, pele, controlar o meu flúxo sanguineo, batimento cardíaco e todo o resto para que o frio já não me machucasse tanto. Poder mental.

E funcionou.

Em pouco tempo eu éra outra, caminhava com segurança, apenas com aquele casaquinho de flanela, na escola, todos bem aquecidos, lembro de quando eu éra incluída por um grupo com o corpo deles me gritando: Tadinha, que pena! Ou pior, excluída por outro dizendo: Que nojo, sai daqui pobre!, mas nunca foi por mim, eu não tive a oportunidade de me apresentar a vida não me permitiu isso.

O frio ainda dói, não suporto sentir nem um pouco dele, só de imaginar já me enrrigesso toda, pronta para repelir qualquer ataque do frio e me aquecer, eu sou quente, gosto de me sentir aquecida mesmo que fora, tudo esteja frio.

O pior dia da minha vida, apesar de tudo isso que passei, aconteceu esse ano, no dia de acao de gracas.

Um casal de conhecidos veio até a minha casa e me ofereceu maconha que eu já era acostumada á fumar devido ao meu tratamento e não vi problema nenhm em aceitar, melhor que economizava a minha, ainda pensei, o dia foi rolando bem até que o meu coração comecou á acelerar e não parava e um medo tomou conta de mim e deitada em minha cama com a visita na varanda e os meus filhos de 12 anos nos quartos brincando eu senti a minha vida se esvaindo de mim naquele momento eu sabia que morreria com um ataque no coração, mas foi ai que eu lembrei dos meus filhos e mais uma vez eles me salvaram, são os meus heróis e o que me mantém viva literalmete são os meus 3 filhos.

E foi quando que por eles eu decidi que não iria naquele dia, eu decidi ficar e usei a magia para isso mas sobre a aprovacão do pai, sempre.

Me salvei, me levantei porque o corcão parou imediatamente de doer mas eu me virei contra a minha visita, não sei porque depois disso eu cismei que os dois queriam me matar e agressiva pedi para sairem mas senti que eles matariam a todos na casa, então peguei os meus dois filhos e nos trancamos no quanto da Sophia onde nervosa com um taco de baseball nas mãos olhando fixamente para aporta do quarto trancada e esperando eles etrarem para nos machucar á qualquer momento, eu pedia para eles ligarem para a policia para nos ajudarem porque eu achava que o casal de amigos queriam nos matar.

Eu alucinei com a maconha ou tinha relacão com o meu ataque no coracão e o medo daquelas pessoas? Nao sei, mas quando a policia chegou eu já estava calma e o casal de amigos assustados ja tinham ido embora, e disse para o policial se sentar que a conversa seria longa e que eu precisava de água e de ajuda mas enquanto eu me servia um copo com água o policial já foi sendo rude e querendo que eu falasse e eu pedi um tempo, estava nervosa e nem água pude tomar direito, pois muito bem, juntei todas as minhas forcas e eu finalmente estava ali, sentada com 2 policiais que finalmente poderiam me ouvir e me ajudar á sair daquele inferno.

Foi quando eu comecei dizendo: Senhor, eu preciso de ajuda, nada na mnha vida faz sentido, o meu marido me prende nessa casa e me obriga a trabalhar em troca de comida e casa e me é proibido qualquer tipo de vida social, hoje eu estava com amigos mas me senti insegura, e foi quando eu tive que interromper por uma dor nas costas e me levantei da cadeira, qundo eu fiz isso, vi um policial levar os meus filhos para um outro cômodo onde eu já não os via e aquilo me incomodou muito mas a dor na coluna estava tão forte e o policial parecia tão frio e tive a senssacão de que ele sabia extamente o que estava contecendo, eu tinha caido em uma armadilha.

Minha cabeca que estava raciociando muito bem ate então muito obrigada comecei a falar barbaridaes que nem eu sei porque eu estava fazendo aquilo e as minhas pernas falharam e eu fiquei imóvel e algemada.

Quando minha mente voltou, já não era eu.

Vendo a minha casa se encher de policiais e os meus filhos sozinhos enquanto eu estava algemada em uma ambulância incapaz de falar com os meus filhos pois eles nos separaram desde a dor nas costas comecar.

Porque?

Uma mãe e seus filhos, separados, e eles sofrendo e a culpa era minha por ter acreditado que uma mulher pobre e sozinha seria ouvida e ajudada.

Como todas, eu fui julgada e condenada á 10 dias em um manicômio cheio de gente doida, homens e mulheres de todas as condicões físicas e psiquiatras e de todas as idades, por lá não ficavam mais que 3 dias mas, eu tive 5 colegas de quarto, todas iriam para casa em situacão bem pior do que eu, mas eu? Eu fiquei incríveis 10 dias naquele inferno. Você sabia que ainda amarram á cama e dão choques na cabeca de outros seres humanos dizendo ainda que é para o próprio bem deles? você sabia que ainda fazem isso hoje em dia com o próprio irmão? Não? Pois agora sabem e fazem isso com toda a autoridade que os jalecos brancos, diplomas, leis e direito que deram á eles, de tratar gente pior que animal.

Porque o único lugar no mundo que não se tem imagens de câmera é justamente em um hospital? Onde estamos mais vulneráveis?

Porque se nos deixam saber o que eles realmente fazem com seres humanos lá dentro, o sistemas se desmorona, mas já passou da hora de um novo sistemas não acha não? Isso já esta velho e ultrapassado, queremos transparência. É pelo o que eu luto. Verdade e transparência.

Transparente como o azul do céu.

Mas o céu é Negro.

Sem dinheiro mas com o cartão de crédito da minha filha, eu precisei colocar gasolina no carro e comprar cigarro, mas se ela soubesse que eu comprei cigarro com o dinehiro dela ela poderia até me tirar o catão que me estava me dando tanta segurança porque o Nick brincava de Deus comigo.

Com medo, assustada como uma criança, eu rindo como uma faz arte pensei: vou colocar gasolina lá dentro do posto e compro o cigarro e digo para ela que foi tudo só gasolina. – Mentir. Ou fico quieta e ela pode pensar que foi só gasolina. E assim fiz, mas ao sair, estava tocando no meu celular: Meu Erro. de: Os Paralamas Do Sucesso. "Não me abandone jamais" dê agora uma pausa na leitura e ouçam a música se puderem, vai ser gostoso, fechem os olhos, Deus falou comigo porque tocar aquela música naquele momento, o meu coração doeu e eu entendi que eu não deveria estar mentindo e me sujando por tão pouco, que eu deveria enfrentar o meu medo e falar a verdade e ficar bem com Deus que é o mais importante que tudo. Mas eu pensei logo depois, que besteira, é só uma coincidência essa música tocar nessa hora não é Deus falando comigo não, e logo depois tocou: Uma Brasileira, da mesma Banda. E eu tive a certeza de que era para eu assumir quem eu era e dizer a verdade.

A música.

O que eu ouvi, direcionou o meu pensamento, que me fez ter um determinado comportamento.

E me fez pensar: Assim vem sendo, me guiando ou me manipulando?

Desde quando?

Minha vida é resultado então não de minhas escolhas?

Quem controla essas coincidências?

Deus? O Acaso? Os Homens que vivem no espaço? Os alienígenas? Eu?

Quando criança limpando a casa eu ouvia as músicas que passavam na rádio, nos discos de vinil ou no toca fitas o que me fazia sonhar e viajar. Éra o que me levava para conhecer o mundo e fazer planos maiores do que eu estava vivendo, sem ela, eu não teria inspiração para criar, e foi a música que me trouxe até onde eu cheguei, cada passo que eu dei, foi direcionado pela música que eu ouvi, pelas as novelas que eu assisti e pelas as histórias que eu ouvi.

Por isso o ambiente que o seu filho é inserido é tão importante para as decisões que ele irá tomar e como ele vai pensar.

Assim, podemos ter uma idéia de como será o futuro da próxima geração, uma vez, que todos tem a tendência de ouvir e assistir as mesmas coisas.

Enquanto eu limpava a casa e cuidava das crianças desde criança ainda e depois da minha própria família e sempre sozinha no silêncio de uma casa vazia, cozinhando, lavando, passando, lavando banheiro, arrumando as camas varrendo o chão, passando pano, cuidando do quintal, dos animais, das plantas e falando com o silêncio, o zumbido dos meus ouvidos, o barulho da minha respiração de domingo á domingo desde a hora de acordar até a hora de adormecer ali, sozinha na cama até os hoje 46 anos de idade, foi quieto, foi vazio, mas foi também muito barulhento e cheio de histórias que eu criei.

A minha mente não parou nem um segundo durante todo esse tempo.

Sozinha ali eu pensava, eu pensava tanto, em tudo, de tudo um pouco, e eu sentia que eu sabia e recebia informções, estudos, como se esse tempo todo, todos esses anos, todas essas horas trabalhando em casa sozinha, fosse horas de estudo em temas gerais do universo, conversando comigo mesma, as músicas, novelas e livros me davam as respostas para tudo que eu perguntava, uma voz começou á se formar na minha cabeça, como uma segunda pessoa, um sexto-sentido, uma premonição, eu passei à sonhar e depois à saber, simplesmente, saber.

Até a chegada do celular, com ele, o meu aprendizado deu um grande salto porque com um fone no ouvido eu comecei à ouvir vídeos e oudio livros de filosofia, pisicologia, astrologia, física quântica, mitologia, teologia, história, UFO, sociologia, geologia, economia, família, direito, política, fatos interessantes em geral eu recebi muita informação nesse tempo e a voz em minha cabeça muito criativa criava e se expandia á mil por hora o que me fez ser hoje quem eu sou. Eu fiz em uma instituição, apenas o segundo grau mas eu nunca parei de aprender em todos esses anos presa em casa cuidando dos outros e da casa, nem um só dia, eu acordava pensando e aprendendo com alguém ás 6 da manhã, e dormia aprendendo às 11 da noite por toda a minha vida guiada e ensinada pela a espiritualidade acredito eu, preparada para ser quem eu sou e fazer o que eu faço, e assim também acontece com você.

Agora eu te pergunto: Onde está o seu livre-arbítrio?

Foi você quem fez essa escolha?

Você pode mudá-la?

Deve?

Eu resolvi seguir uma música que passou agora pela a minha cabeça,

Seria um sinal?

De quem?

Zeca Pagodinho – Deixa a Vida Me Levar. "Deixa a vida me levar, vida leva eu..."

Nào seja a resistência, foi o que eu aprendi, eu vou lutar sempre pelo o que eu criei, sonho, penso e quero mas se estiver muito difícil, desista, porque significa que não é por aí.

"Se você tem intenções boas e coração puro, as coisas tem por obrigação á serem fáceis."

Se não fossem as drogas e os meus pensamentos e diálogos com as minhas memórias, outras versões, amigos espirituais, mentores, anjos, Deus ou como quiserem chamar, eu seria apenas dor e solidão.

Eu sei que a escravidão acabou e eu não quero me comparar àquele povo tão injustamnete sofrido, mas hoje eu vi, ali, no meu corpo as marcas tão claras das chibatadas, nos meus músculos: da pilha de louca que lavo desde os meus 8 anos ou menos, passar pano no chão da casa inteira, varrer vários tapetes imensos porque você não tem máquina de aspirar pó, não é isso também que fazemos nosso filhos fazerem? A falta de um conforto que facilite a sua vida em casa, e você que trabalha como uma mulher dos anos 30? É o que te da músculos, e foi isso o que aconteceu comigo, eu mau tinha sabão em casa para auxiliar na limpeza, o Nick não me dava dinheiro para nada e a dispensa estava sempre vazia, ele me enviava U$150 para compras de comida apenas e muito mal, e eu que lutasse algumas vezes com o cartão de crédito da Sabrina, uma situação ridicula, muita dor entre eles, por que eu jã estava curada há muito tempo atrás, e espero que eles se encontrem ã tempo. é tudo que eu peco ao pai e ã virgem e ã sua ifinita misericórdia e que assim seja, se essa for a vontade do pai e para o bem de todos .

Em Abril de 2025 minha mãe desencarnou, e eu que para atender os muitos pedidos dela tentei muito ir vê-la com vida, ela queria falar comigo.

Mas não deixaram, livramento ou castigo? Como saber? Eu sei. Porque os meus guias me dizem, e voce pode ouvir os seus bons conselhos também, basta silenciar a mente e se concentrar, estude, informacão nunca é demais não é mesmo?

Mas quando ela se foi e que já não poderiamos sentir mais o calor uma da outra, me enviaram para estar com ela, e eu fui, não por ela e nem por mim, porque comigo e em mim, ela vive, mas fui pelos os outros, os vivos, ou os que se acham assim.

E correu tudo como tinha que ser porém, na viagem de volta para casa como eu tive que deixar os meus filhos com o ausente pai, apenas 3 dias após estar com ele e o falecimento de minha mãe, meus filhos me ofenderam e disseram que queriam estar com ele.

Morar com ele, e que eu sou uma péssima mãe.

Talvez eu seja mesmo, mas fui.

Eu fui

Eu estava lá, presente em todos os momentos, em cada segundo dos 12 anos de vida deles eu estava lá o tempo todo, presente de corpo, mente e alma, 24 horas por dia, 7 dias na semana, eu estava lá, presente, eu e apenas eu para manter eles dois vivos e saudáveis, se hoje eles existem é gracas á mim e a minha vida dedicada a eles.

Com o coracão sangrando pela a ingratidão eu percebi que essa é a melhor dor que poderia ter me acontecido, agora muitos aprenderão muitas licões, ou eu espero que aprendam e que não sofram tudo isso por nada, inclusive eu.

Agora posso finalmete terminar esse livro e dizer as pessoas como uma história pode doer tanto.

A minha história.

E como a dor pode te destruir ou te exaltar, a escolha é sua.

A magia está no mundo, mas Deus á proibiu para nós usa-la.

Sábio não é mesmo? Afinal de contas quando você usa a magia para conseguir algo que você quer, foi você quem julgou se aquilo era para estar na sua vida. Mas quem garante que naquele momento era você quem estava ali desejando aquilo e não sendo influenciada por outras forcas? E mesmo que seja você sozinha fazendo aquela escolha, o que já e quase imposssível, quem disse que você sabe o que é bom ou não para você?

É Deus quem decide e colocará em seus caminhos o que você precisa para ser feliz. Confia e deixa rolar, você vai ver que funciona bem melhor do que forçar, ser resistência nunca foi a melhor escolha.

Mas se mesmo assim você acredita de quem manda e sabe da sua vida é você, a magia é uma fonte existente e real que usada com sabedoria e amor você opera milagres na vida do seu irmão.

Eu aprendi a jogar tarô e com o auxílio dos espíritos e guias de ajuda que me acompanham desde então, eu desenvolvi com muita velocidade e sózinha a minha capacidade mediúnica, abri a clarividência, a clariaudiência, psicografia e mediunidade atemporal, dentre outras capacidades que todo ser humano tem, assim como aconteceu comigo, pode acontecer com você, basta se informar, estudar sobre o assunto, fazer os exercícios e se dedicar que você abre os seus chakras e começa a se conectar com o universo e começa a descobrir quem realmente é você, assim como aconteceu comigo.

Eu sou uma Deusa capaz de criar a minha própria realidade, fui anjo que caiu e virou um demônio, passou tempos no inferno torturando almas, vivi em planetas enormes mas que lá só existia eu e a minha alma gêmea, éramos tão felizes no nosso paraíso só eu e ele, mas um dia uma luz veio me buscar e me afastou dele, meu coração ainda dói quando eu lembro daquele dia, sinto saudade da sua energia que ainda esta em mim, em algum lugar porque eu simplesmente posso sentir ela.

Foi combinado e necessário esse afastamento, mas eu me perdi, uma vez reencarnada, em nossa tribo eu estava muito feliz com o meu grande amor e o nosso pequeno bebê que nasceria e nos fariam completos porém ao nascer eu descobri que eu já não teria mais para quem dar todo aquele amor que por meses cresceu dentro de mim e eu perguntei para Deus com o corpo do meu filho, lindo imóvel e frio no meus braços, de joelho eu me recusava a aceitar que o meu pai me faria amar tanto um ser que ele fez tão lindo e único para tirar logo depois e me deixar com esse vazio, não o meu pai.

Mas quem faria tal coisa? E porque o meu pai não me defendeu? Eu não havia feito nada tão horrivel para merecer aquilo e mesmo que tivesse feito, que tipo de castigo é esse? Quanta crueldade, então como filha de Deus que sou eu decretei que mulher nenhuma jamais sentiria essa dor novamnte na terra.

Usei da magia e o pai vai me ouvir porque é da vontade dele e para o bem de todos.

Na revolta contra Deus por ter permitido eu estar com aquela dor, eu me virei contra ele, pela última vez, e foi quando eu vim nascer Andreza, menina sofrida mas que nunca perdeu a fé em Deus;

Mas essas outras histórias ficam para depois.

Nessa guerra entre homens e mulheres quem esta perdendo sao as criancas.

E nao é a mesma coisa?

Como profetiza quero deixar escrito que a fome chegou.

Quem tem olhos ja vê.

A comida já nao é comida, porque nao tem o suficiente.

A agua tambem nao, e é por falta dela que nao temos comida.

Nenhum dos recursos naturais, o básico da piramide de Masloff.

Nao se há mais para a classe média alta.

Essa é a realidade.

Constroen-se bankers e espaconaves para abandonar a terra porque em breve havera uma grande briga por comida.

A solucao seria uma uniao mundial com o controle de natalidade e obrigar prisioneiros, militares, policia, homens e mulheres com saude, a plantarem e cuidarem de aniamais para alimentar a populacao., e bem.

Ta atoa? Vai pra roca.

Investir o metal em galpoes para proteger os trabalhadores e os alimentos.

É isso o que eu acho.

Mas isso exige reforma e reforma exige trabalho, acao, do zero, forca de vontade apartir de uma ideia.

A ideia eu estou dando aqui? Ou qualquer outra, o importante é fazer um movimento de construcao e parar com esses destrutivos que insistimos sabe lá Deus porque, fazemos diariamente para o nosso proprio mal, vai entender, basta refletir um pouco, nao é mesmo?

Quem vai fazer a acao?

E assim, o universo

Se

Expande.

Aleluia!

Se voce conhecer o anti cristo voce vai ter o primeiro pensamento em detrui-lo nao é mesmo?

Afinal de contas, olha esse nome que lhe deram.

Deveria ser, preceder Cristo, porque é isso que ele vai fazer.

Quando ele chegar, deveríamos ficar felizes e agradecer pela a sua presenca, pois logo apos ele, o nosso salvador, chega.

Ou nao é isso que voce verdadeiramente quer?

Entao vamos pedir alegremente a chegada do anti cristo para que assim finalmente jesus cristo possa vir, e nos salvar de todas as maldades do mundo.

Nao e assim?

Eu desejo todos os dias que os espiritos ruins e as pessoas ruins sofram.

Depois peco perdao para Deus, porque dai, descubro que sou ruim tambem e nao quero mais sofrer, estou cansada de sofrer, e se nao quero mais sofrer devo parar de pedir para que os outros sofram, mas ainda, é mais forte do que eu, e o que eu posso fazer é pedir perdao pelos os meus maus desejos.

Devemos vigiar os nossos pensamentos, sao neles, que nascem a nossa realidade.

O que voce pensar, voce será.

Portanto, nao pense coisas ruins, para ninguem.

Pense, fale, crie, ouca, veja e sinta apenas coisas bonitas e construtivas e voce vera que a sua vida vai sair do ponto de onde voce esta agora para um muito melhor.

Por isso nunca chingue ou diga palavroes ou nenhuma palavra negativa sobra voce ou sobre ninguem ou nenhuma situacao, mantenha-se sempre no positivo, parece besteira mas é magia e funciona, é só estudar, praticar e ver funcionar.

É matemática,

Se em um casal por exemplo:

Um for uma pessoa boa, (+) e o outro tambem, (+) = (+)

serao um casal rico e bem sucessido, prospero.

Porem, se for um bom, (+) e outro ruim, (-)

menos com mais dá? (-)

casal pobre e sem sucesso.

E se forem os dois ruins? (-) (-) = (+)

casal rico tambem, prosperos apesar de serem ruins.

Entenderem? Matematica. O universo se comunica atravez da matematica.

O homen divide, a mulher multiplica.

O que é bom, e o que é ruim.

Olha os dois lados ai, de importancia iguais, nem mais, nem menos.

Precisam apenas trabalharem juntos para garantir a sobrevivencia da especie.

Precisam aprender isso.

E rapido.

Hoje eu posso curar, ler o futuro e tirar demonios, quero abrir uma casa com uma feijoada onde essa alimenta e cura, feita por mim com muita anergia e benzimento, quem entra na casa ja sente a energia porque ela é cheia dos orixas e ciganos, tocar macumba ao vivo, samba de macumba, pontos de umbanda e candoblé, ninguem é obsediado, a casa é muito bem protegida, eu jogo tarot para quem quiser, vendemos refrigerante, podem trazer cerveja, e as criancas ficam dentro de casa com as meninas brincando enquanto os pais conversam sobre espiritualidade, e essa casa pode se ter em todos os lugares do mundo, basta o médium ter um pouco de boa vontade, trabalho e dedicacao que funciona.

O objetivo da casa sera as criancas, um dia na semana para encontrar outras pessoas e sair do eletronico, ouvir outras vozes, outros rostos, outras opinoes, e os pais saberem que eles sao normais e que nao estao sozinhos, teremos uma atencao maior ás maes solteiras pelo o numero hoje serem alarmantes de mulheres abandonadas com filhos e sem terem um lugar de suporte nem para elas e nem para as criancas, aqui, elas serao ciganas e pombagiras, poderao ser livres e autenticas, tudo o que o mundo roubam delas.

Eu sei.

Essa casa de caridade e a minha feijoada vai alimentar o corpo e alma de muita gente eu tenho certeza disso. Eu tenho fe nisso. Eu vou trabalhar para isso.

Essa foi a minha visao dada, a minha missao para amenizar um pouco o sofrimento do meu irmao e pagar um pouco a grande divida que eu tenho comigo, com o pai, e com todos voces.

Uma vida dedicada á espiritualidade, ao proximo, á evolucao e á cura.

É tudo o que me é permitido fazer agora.

E é exatamente isso o que eu vou fazer e me dedicar todos os dias da minha vida.

O nosso maior erro, é nào se importar nem um pouquinho com os sentimentos das criancas.

Apenas no sofrimento e na necessidade que lembramos de nos conectar com um nivel superior.

Hoje, estamos presos em casa, o pai dos meus filhos paga o aluguel, luz e água. Pede a lista do alimento que falta, e nos envia até a nossa porta. Dinheiro eu não tenho nenhum, tenho um pé quebrado e não consigo curar, sinto dores constantes no corpo e na alma, as traícões que descobri e depois o abandono, ninguém ao meu redor me apoia, tudo o que eu falo é levado ou na brincadeira, ou como criminosa e nunca como vítima. Me faz muitas vezes duvidar de mim mesma, já aconteceu com você? Duvidar de si mesmo, e perder a identidade no processo? É uma das dores maiores que eu já senti, tanto, que foi ela quem me fez querer deixar de existir muitas vezes para que assim, talvez eu pudesse me encontrar novamente, aqui não me deixam ser eu, parece que quem sou é tão errado, porque ninguém gosta, ninguém quer por perto, quando eu era mentirosa, manipuladora e jogadora como eles, eu era querida, divertida, fazia piadas, mas eu ainda sou assim, eu sinto que sou, só não me dão mais a oportunidade de ser vista. Ningéum mais me vê, e quanto mais eu insisto em aparecer, maiores são os ataques para que eu fique cada vez mais longe, calada e sumida.

Não duvido nada me tirarem o celular e a internet.

Espero que consiga publicar pelo ao menos, esse livro antes de me calarem de vez.

Agora, mais desenvolvida espiritualmente o meu trabalho, jä que curei os traumas do passado, o plano agora é me criar traumas novos, e como estão vendo nesta narrativa, estão conseguindo.

Não imagino por quem e nem o porque, mas que cada dia que eu curo um trauma que me é entregue sem me deixar atingir pela a maldade e continuar a minha caminhada protegndo e exemplificando o amor, caridade e fé, aparece logo um outro para me testar mais uma vez.

E isso só me faz ter cada vez mais certeza de que eu estou no caminho certo, lembra da frase que leu na pàgina anterior? A frase mais fácil de se engolir, porque a primeira, essa normalmente ignoramos porque dói muito parar para pensar nela, eu sei.

Estamos vivendo o final dos tempos, espero já saibam disso.

Agora, já não importam as perguntas básicas tipo: Como será, quem vai matar quem, quem sofrerá o que? Essas coisas são perda de tempo e pura distracão, não importa, porque nada vai mudar o fato de que você e todos que amam estão fudidos, vão passar sede, frio, calor, dor e fome e isso é o que é inadiável e inegável, portanto, ao invés de ficar perdendo tempo e correndo feito barata tonta, comece a se fazer as perguntas certas, porque é a partir das perguntas certas, que você achará as respostas úteis para a sua vida.

Por exemplo: O que posso fazer para garantir a sobrevivência minha e dos que eu amo em meio ao final dos tempos?

A resposta é: Nada.

Você agora não pode fazer nada, já é tarde, tudo isso que irá lhe faltar, é porque usou tudo, e não trabalhou bem para repor e agora acabou.

Você deve se alimentar do suor do seu rosto, não éra para ser assim?

Mas não quis obedecer e não quis suar, agora o único que pode te dar tudo isso novamente, é aquele quem te deu lá no início, o mesmo que não deixa faltar nada para os pássaros também não deixará faltar nada para você e nem para os que ama.

Você só precisa voltar á origem e como os pássaros acreditar, merecer e receber do criador tudo de que precisa para viver bem e feliz, mesmo em meio ao que podem chamar de destruícão.

Essa, não vem para quem tem fé.

E agora? Acabou o livro?

Sim.

Mas não é o Fim, não haverá essa palavra na última linha dessa página.

Porque igual á página anterior, a minha história não se acaba, mesmo depois de morta.

Talvez seria melhor publicar esse livro após isso acontecer porque as minhas memórias não são o que estamos acostumados a ver, porque nos mostram apenas o que te deixa confortável para você não se movimentar e é isso que eu quero atingir espalhando pelo o mundo tudo o que escondem e não querem que olhemos, mas agora você pode ver, e não apenas por aqui, e saber que sim, a maldade existe e ela está sempre tão perto que não é fácil de se ver, você até aqui? Já consegue ver? O desconforto? Bom.

Aos aqui citados que não se sentirem confortáveis, bom também.

Aconteceu e agora você também já sabe, e agora?

É a pergunta mais importante, espero que ja tenha aprendido isso, é:

O que eu vou fazer sabendo dessas informacões agora?

Mais maldade, ou buscar a minha cura espiritual porque o relógio não pàra e o tempo? Esse já acabou faz é tempo.

Nao vê?

Ou então.

Não Olhe.

Eu vou voltar.